張百欽——著

光啓新紀元

——太乙生命金華——

推薦序

現代科技的進步，讓許多以往只存在於科幻漫畫中的情節，躍入了我們的日常生活當中。雖然，現代科技的進步或許帶給了我們一些生活上的方便，但這些物質上的改善，並不等同於人們心理上的滿足，更遑論心靈上的安定與成長；反而，現在有越來越多的人感覺到心靈的無助與空虛，人類文明的發展在不知不覺中，被自己所發展出來的科技，人工智慧等，帶往一個虛無飄渺且沒有方向的未來。

有感於此，敝人自二〇〇四年開始推動服務學習的課程，帶領學生至偏遠地區，藉由服務進行心靈成長的課堂外教育。並於擔任醫學院院長期間，大力推展「腦、身體、心理及心靈」多領域整合的交流討論平台。在二〇一八年一項「道、醫研討會」時，我推薦自己一位「大隱隱於市」的好友——張百欽醫師，來為我們講述他深研多年的能量醫學，並將自己在多年前，偶而得之但仍看不明白的奇書《太乙金華真經》相贈。沒想到，這書竟然是張醫師尋覓多時的寶藏，遂促成此書出版的佳緣。

本書從自序開始就帶給我無比的震撼！從量子力學的發展過程、量子糾纏的研究、東西方經典的連結……等，作者將這些每一項都對人類文明有重大影響，可以幫助人類更加理解大自然運轉法則的偉大發現，如同史詩般的娓娓道來。很難想像，一位醫學工作者，竟然可以以如此自然平實的敘述，闡述說明這些偉大而深奧的發現。

在本書詩歌式的敘述中，更有許多令人感動而驚豔的詞句，似珍珠般的晶瑩璀璨，靜默而美麗地透散著哲思的光芒。例如「生命的存在是過程而非幻象」、「時間必須依附著變化才能存在」……等，雖曖曖內含光卻發人深省，需要各位讀者靜下心來慢慢去品嚐，去發現。

百欽醫師身上就蘊藏著詩人的ＤＮＡ，這本書他用半文半詩歌的敘述方式，剛好可以避開光用刻板文字，可能會帶來一些意念思想轉達時可能產生的阻礙。以詩詠的方式傳達理思與想法，反而可以讓文章閱讀起來更耐人尋味，更有彈性，賦予讀者更多想像發揮的空間。

本人非常榮幸，忝得張醫師的厚愛，為這本奇書寫序，自覺非常榮幸，但內心也深感惶恐。盼望此書的出版，能激發更多有志一同者的迴響，你我在夜靜之時品茗咀嚼，為生命神奇奧秘的思索探討、與身心靈的安頓提升，一起覺知、共同努力！

陳維熊醫師
前陽明大學醫學院院長
恩主公醫院副院長
臺北榮民總醫院大腸直腸外科教授

推薦序

人類進入數位時代之後，社會雖以十倍速快速變遷，文明卻在價值的衝突與爭議之中，不斷擺盪與拉扯。面對這樣的時代，許多人不免徬徨。所徬徨者，不僅是生活何所從？更深及專業何所依？生命何所適？

上述問題的尋索本非始自今日，自有人類以來，即展開此類大哉問的求解。科學也罷，哲學也好，無不試圖對之提出解答。數位時代縱使帶給人類巨大衝擊，但前賢的思索結晶仍是吾輩探索這些大哉問的最佳憑藉。

好友百欽兄乃中學同窗，於台北、高雄、嘉義等地行醫，仁心仁術，享譽杏林，向為病患所敬，同儕所重。我倆雖為同學，但因工作地點分在南北，以致畢業後鮮少聯繫。十餘年前，個人至嘉義中正大學任教，方得以不時請益，並領受他在行醫餘暇潛心鑽研之深厚。

百欽兄不只希望以醫理醫術治療病人，更希望能藉由身心靈的整體療癒，讓病患都能擁有「幸福能源」。因為他經由多年來的行醫經驗與人生修煉體悟，人唯有身體的完整和諧運作，才能返回生命本真，擁有真正幸福。

我年輕時讀易經，受毓鋆老師啟發，始明生生之道，始知好好修練個人的小宇宙，即能上達造化的大宇宙。天行健，君子以自強不息，在人間社會篤實踐履，就是體證本體，上達天德的最佳途徑。安身立命，捨當下將無由。

每有機會與百欽兄對話交流，或拜讀他傳來的思索結晶，不只對百欽兄能夠出入各家思想體系，穿梭古今科學哲學，感到敬佩，更往往從他禪意詩心的文字中，感受到他不斷錘煉自我的努力，正是君子自強不息的最佳見證。

百欽兄大作中處處珠璣，例如他呼籲修行者不可躁進，不可妄求；保持自然而然，無為而為，在在寓意深遠。這些結晶是他身為修煉者的見證之言，作為愛智者的深思之得，足供所有修行者參證。

君子終日乾乾！百欽兄從自己的實踐中體證本體，演繹出自己的修行之路。心生萬法，我們可以從他的修行路得到啟發，自我追尋身心靈喜悅自在的法門。百欽兄的修煉提示我們，只要願意追尋生命的意義，就有機會找到生命的真諦。

大人者，與天地合其德。謹以大易之道印證太乙奧秘，並與百欽兄及閱讀本書的朋友們共勉！

公視暨華視董事長　胡元輝

推薦序

張百欽醫師和我十二歲結緣，初、高中六年同窗；大學時，百欽選擇醫科，我選理工；職涯不同，但自幼相識，同根同源，驀然回首，已是半世紀前的往事。

我和百欽以及四〇年代的學子，在學習過程中有許多共同點；東方文化是先天基礎，西方文化則是在好奇心及經濟需求下的後天學習。年輕時，多少受到聯考制度的影響，在生存法則下做出選擇性的重點學習，雖然當時資訊並不普及，卻因大時代的時空背景，讓我們對國學、理學、佛學、道學、科學、以及市井小說漫畫皆有涉獵。也因為全球化的洪流，讓我們在東方哲學禪理、西方科學創新、流行音樂、電影藝術及宗教歷史之間，隨著年齡的增長，歷經了不同階段的喜好、衝擊、融合、領悟，以及最後的包容。

我們這一代的學子，在人生成長過程中，也有許多共同點；幼時大環境賦予早熟的韌性，加上求學過程中的專注學習，造就了在特定領域過人的專業能力。但是，隨著年齡的增長，才意識到，書本所教的解題知識，在現實世界中面對五花八門、無邊無際的各種挑戰時，幫助有限，反而是出校門後的社會歷練，才是人生最大的功課。走過求職、成家、立業、生子等不同人生階段，不斷的調整心態吸收新知、擴展視野累積為人處世的智慧、以及學習解決問題的能力，最後才明白人生的成就，原來是靠著領悟力、靈活性、廣結善緣，加上努力及運氣所累積的結果。而今，耳順之年已過，隨著年齡及身體變化，學習又進入另一個階段，生命價值的定位，身心靈的平衡平靜，成為內心最大的渴望。這種身心靈自由的釋放，是人生最終的學習，也只有在走過凡俗塵世的艱辛，飽嚐人間冷暖，歷經得失成敗之後，才能悟出佛家、道家思維意念「除己除我」的真諦，參透輕重取捨，也才能灑脫的對自己人生做出一個完整的交代。

恭喜百欽兄把身心靈禪理和順應自然的哲理做了一番詮釋；微觀物理的量子力學、物質反物質的奇幻世界、傳統科學無法解釋的洞見癥結，百欽兄把這些深奧的觀察和禪理哲理，做了融會貫通的解說。我的頭腦雖然無法全盤理解，但是心靈層面卻有著相當的震撼。隨著年紀增長，更瞭解生命歷程是個人從微觀出發，而後逐步瞭解自己在宏觀世界扮演的角色、身心靈昇華過程中思維意念，及能力的變化與突破，最後反求諸己，只有在悟出「至人無己，神人無功，聖人無名」的真諦之後，才能到達涅槃的無憂境界。百欽兄願意將自身經驗和大家無私地分享，用詩詞文章紀錄下自己對太乙金華、量子力學、東西諸子百家領悟的心路歷程，以及一通百通的興奮愉悅，殊屬難能可貴！

為此書作序，誠心盼望有緣人，能夠藉此書，探窺一位自幼勤奮好學，專心致志，一生行醫助人，謹守善心、善言、善行，更進一步地冀望分享在理念、意念、禪念中昇華的內心世界。期待有緣人，可以藉百欽兄的經驗，來印證自己的心路歷程，雖然世間眾人經歷不同，但皆有好奇心，都走過人生不同階段的學習，體驗過患得患失的焦慮，也享受過明白通透後的快活自在；百欽兄之經驗，自當有可借鏡之處，美哉！善哉！

日月光半導體執行長　吳田玉

自序

今年九月剛好完成本書的初稿，十月四日揭曉了二〇二二年諾貝爾物理獎三位共同得主，美國理論及實驗物理學家約翰・克勞澤（John F. Clauser）、法國物理學家阿蘭・阿斯佩（Alain Aspect）、奧地利物理學家安東・塞林格（Anton Zellinger），表彰他們「以糾纏光子實驗、驗證貝爾不等式的不成立、開拓量子資訊科學領域」研究貢獻獲獎。

這三位諾貝爾獎得主的實驗相繼完成於一九七二年、一九八二年、一九九八年，直到如今二〇二二年獲得諾貝爾獎肯定，歷經了半個世紀，才艱辛建立現代科學物理的典範地位。因為他們實驗研究的共同主題「量子糾纏」，自一九〇〇年量子力學誕生以來，引發尖銳深刻的哲學思辯，撼動了整個科學傳統。

與「量子糾纏」息息相關的理論，包括不確定性原理、量子波函數概率解釋、量子疊加態、波函數塌縮……等，所蘊含的是科學哲學的根本改變，因為它們正面挑戰了「實在性」以及「定域性」的人類理性頭腦底線。

首先，「實在性」關乎我們對外在世界客觀存在的認定，對此，一手創立相對論，全世界最聰明頭腦的科學家阿爾伯特・愛因斯坦也難以接受，而譏諷說：難道月亮只有在你去看它的時候才存在嗎？

再者，「定域性」關乎我們對世間事物，因果性關聯的認定，對此，同樣是頂尖聰明頭腦的科學家埃爾溫・薛丁格，提出著名的「既是死又是活的貓」悖論來駁斥和反對。

簡而言之，當科學家探討萬物起源，深入微觀量子領域，卻發現一大堆違反宏觀世界常理，奇特怪異的量子現象。

這些不符常理的量子表現，到底是量子的內稟屬性，還是因為量子理論本身不完備，所造成的曲解，自著名的科學界盛會，一九二七年第五屆索爾維會議起，量子力學便分裂成兩大陣營對立，一派為以尼爾斯・玻爾為首的哥本哈根學派，支持量子內稟屬性就是如此奇特，另一派則以阿爾伯特・愛因斯坦為首，主張量子力學本身並不完備。雙方學者爭持不下，始終沒能說服彼此。

一九三五年愛因斯坦聯合同事波多爾斯基，以及助理羅森，發表標題為《能認為量子力學對物理實在的描述是完備的嗎？》，而後被簡稱為「EPR佯謬」的論文，提出一個思想實驗：當一個粒子衰變成兩粒子，分別向相反方向傳播，依照量子力學推論，這兩個粒子不論相隔多遠，仍然相互影響彼此的行為，並且遵循守恆定律，例如一個粒子被觀測到自旋向上，另一個粒子則必然呈現自旋向下，這個現象隨後被薛丁格定名為「量子糾纏」；從這個當時的假想實驗結果，愛因斯坦認為明顯違背了所謂「定域實在性」原則，並斥之為「鬼魅般的超距作用」，愛因斯坦更提出「隱變量假設」，主張量子力學概率，並非真正的隨機，而是存在某種更深層次的物理原理，在影響量子系統的表現，所以量子力學雖非錯誤但仍未完備。

在ＥＰＲ論述的實在定域性前提下，依據數學概率計算，愛爾蘭科學家約翰・斯圖爾特・貝爾於一九六四年推導出「貝爾不等式」，成為驗證ＥＰＲ論述成立的標準根據。

「貝爾不等式」在數學上證明了，如果確實存在某種影響量子系統的隱變量，亦即在一個粒子衰變為兩個粒子的當下，已經決定了彼此的守恆狀態，那麼這一對「相糾纏」粒子間的相關性函數值，必然不會超過一個固定上限。反而言之，如果實驗測量結果，超過這個上限值，那麼愛因斯坦的ＥＰＲ論述，也會為量子力學哥本哈根學派所詮釋的「不確定性」、「測不準原理」、「非定域性」，提供最有力又有利的支持證據。這也就是以愛因斯坦為首的ＥＰＲ論述，往往被稱為ＥＰＲ佯謬（似非而是）的原因。

隨著二〇二二年諾貝爾獎的頒發，歷史終於為量子力學兩大巨人愛因斯坦與玻爾的爭論敲下了定槌，三位共同得獎科學家們，一而再，再而三，接續進化提升實驗精確度，終於驗證「貝爾不等式」不成立。

其實不等諾貝爾獎的肯定，當今世界的科技發展，早已迫不及待將「量子糾纏」視為科學新能源一般的物理學資源，不斷開發、測試和純化其效應，廣泛運用於量子訊息科學與量子計算等領域。

除了引領科技的迅速發展，量子力學所揭露的現實真貌，又如何與我們身心靈經驗連結呢？而老子道德經所言「道生一，一生二，二生三，三生萬物。」是否透露的正是量子無中生有、交互作用、量子糾纏傳遞、量子疊加態以及塌縮的萬物奧秘過程？回歸千年前老子道德經出現的時代背景，談的當然不是現代科學理論，而是身心靈的直接經驗，卻又與量子力學遙相呼應；既然我們經驗的宏觀世界，包括我們人體的生理心理意識，是由微觀的量子單位所構成的，那麼究竟我們所處的現實世界，在宏觀尺度上是否仍保有如量子糾纏和量子疊加的性質呢？還是如主流科學家所認為，因為「去相干性」作用，被完全抹去了呢？

臺灣在本世紀初曾風行一時，由日本東京整脊醫學專家村上晉一先生發明，簡單卻獨特的鋼絲圈療法，貼在體表皮膚上，能夠有效緩解多種原因引起的疼痛症狀。

鋼絲圈的標準製作，是將一段約零點六釐米粗細，長三至四公分的白鐵線，彎折成形似三瓣酢漿草狀，在臺灣民間又通稱為「能量花」。

能量花鋼絲圈，其實可以更單純還原為相交的兩個圈，亦即相反方向旋轉的兩個圓圈，或者更加想像力的動態看成，一個圓分裂成為兩個旋轉方向相反的圓，「疊加態」的圓！「量子糾纏」的圓！

能量花和太極圖有著異曲同工之妙。在一條導電線上前半段先作順時針螺旋纏繞，後半段改作逆時針螺旋纏繞，當通過電流時，兩邊磁力線相抵銷，於中央位置線圈反轉處，測量為零磁場強度，故稱為「零磁螺旋線圈」。

從零磁螺旋線圈兩端俯視其中間反折線，恰好呈現太極圖S形。有專家研究發現，零磁線圈具有某種未知效應，能夠改變水材的性質。

我個人觀察，即使零磁螺旋線圈不通過電流，亦具有和能量花鋼絲圈相似的效應，因為順反時針纏繞共存的零磁螺旋線圈，不也是「量子糾纏疊加態」！

宏觀結構的能量花鋼絲圈和零磁螺旋線圈的神秘效應，相同根源於微觀量子層級，甚至更深，而謎底答案就是——「波動」。

大名鼎鼎的貝爾定理，亦即「貝爾不等式」，導致當今二〇二二年諾貝爾物理獎量子力學的獲獎，而貝爾定理的促成，除了因一九九〇年驟逝而與當年諾貝爾獎擦肩而過的貝爾本人，以及愛因斯坦的EPR論述外，還有美國物理學家大衛・約瑟夫・玻姆（David Joseph. Bohm）開創性的工作。

玻姆不但是量子力學當代巨擘，也是一位偉大先知型的科學思想家，終生致力於發掘在相對論與量子力學中隱含的宇宙整體性觀念，並建構序化程度極高的思維方法，用以理解物理實在（實相）的普遍本性。

玻姆的「整體性——全息宇宙——隱含的秩序」，闡釋物理世界的終極本質，並非是主流科學所認定的，互相分離的基本粒子、夸克、弦，而是一個不可分割的完整全體。這個整體賦予和推動了一切宇宙萬象，永不停息流動變化，一切萬有都源自其中，亦終歸消融其中。

玻姆所揭示的「隱含的秩序」，賦予萬象存在，生滅變動不息，正是宇宙最深奧的——波動法則。

波動法則之所以最為深奧，正是因為它揭開了「一」的奧秘，一即一切，一切即一，因此一切相互關聯牽連振動。

一七四八年瑞士數學家歐拉（Leonhard Euler），由琴弦振動推導出第一個「波動方程式」，此後同樣的方程式，又出現在描述水波運動的流體力學，描述聲波傳播的聲學，乃至描述磁場與電場變化的電磁學，甚至是描述基本粒子行為的量子力學。波動方程式可說是人類史上最重要的數學式，因為它率先闡明了隱藏於自然現象中的統一性。

我們生存的世界，充滿各種形式的波動，從身體內的心跳脈搏、言語發聲、雨滴水面激起漣漪，乃至江海浪濤、風雷地震，藉由波動方程式，世間看來獨立存在的事物，原來密切關聯在一起，不但直覺感官的世界如此，在微觀抽象的原子、基本粒子、夸克，甚至前沿科學的弦論的研究領域裡，也是如此。

波動法則，貫串了自然現象各個層級，從琴弦振動、水波和聲波等，藉由物體運動所造成的「機械波動」，到可以在沒有物質的真空中傳播的「電磁波動」，光波即是一種電磁波；更到抽象近乎哲學的量子力學「波函數」；而直通玻姆（不可分割／未曾分割）的整體——「隱含的秩序」，那個如玻姆慧眼所見，「不是靜態的，而是處於一種永不停息流動變化狀態」的終極意義的波動，Holomovement。

Holo，源於希臘文的字根，意思是全部、整體，引申為大自然的全息性，亦即任何一個部分或局部，都包含整體的所有信息。這種自然本質的全息性，在全像攝影術（Holography）以及碎形幾何（Fractal geometry）的研究裡被觀察證實。恰如佛經所謂「須彌藏芥子，芥子納須彌」，廣大如須彌山可微縮到如芥子般極小尺度，而須彌山的本質仍保存完整不變。又如「一花一世界，一葉一菩提」，渺小如花葉也含藏整體宇宙圓滿奧義。

Holo全息，加上movement運動，Holomovement這個觀念，非常像似中國的太極，代表永恆動態的存在，太極以陰陽兩儀而致動，玻姆則以「隱含的秩序」的蓄勢，和「顯展的秩序」的顯化，闡釋Holomovement全息性的運作。玻姆真正是中華太極千古難覓的知音，以嚴謹自洽的數理邏輯架構，完美詮釋新時代的太極大道。

Holomovement——太極，充滿虛空，生生萬物，周行不殆，終極的波動。

萬物起源於Holomovement——太極，波動是萬物本自具有的內稟屬性，或可謂之「先天一炁——太乙」。

宇宙存在，乃是波動層級演化的過程，宏觀物體如我們人類身體，同時具有物質波函數、電磁波場以及機械波振動，遵循波動法則，包括波源、波形、頻率、振幅、共振、相干等機制，交織組成各種生理心理意識功能。此即中醫所言，原自先天一炁，轉化啟動後天氣血生命活力。

再回到那一對全世界頂尖科學頭腦鑽研焦點的「糾纏光子」。「道生一，一生二，二生三，三生萬物。」《老子道德經‧第四十二章》，無比簡潔又深奧地勾勒出量子世界「無中生有，一個粒子衰變為兩個粒子傳播開，兩個粒子運行中皆呈疊加態，而後塌縮為相互守恆的本徵態，或者與其他粒子交互作用，維持糾纏傳遞下去。」的萬物始本的運動過程；而接著下一句「萬物負陰而抱陽，沖氣以為和。」，描繪的更是疊加態粒子，緣由陰陽兩儀，或謂玻姆的「隱含序」和「顯在序」兩勢，反復相盪相沖，始生的萬物波動。

這樣萬物始本的運動，始生的波動，亙古恒在，始終不去，繁衍無限豐盛的宇宙生命。糾纏就是沖氣為和，糾纏光子是閃爍瀰漫宇宙，永無窮盡的振動原力。

而特殊設計的幾何線圈，如能量花鋼絲圈以及零磁螺旋線圈，因為正反順逆並存，模擬「負陰抱陽，沖氣為和」的疊加態形式，得以感應共振傳導萬有基底的波動。

現代科技主流，仍將量子力學的實際應用，局限於外在客觀物理世界，作為一種新的科學能源開發；然而摸索幾何線圈沉浸多年，我體悟到量子力學的底蘊，根植於意識與物理未分的混沌，在身心靈整體療癒乃至修煉提升領域裡，才是真正值得期待的幸福能源。但是要跨越這條「心——物」鴻溝，最困難和關鍵在克服我們頭腦的障礙，此紀人類文明集體的頭腦障礙，而這正是我完成這本書的唯一目的。

從生命之花神聖幾何啟蒙的西方數理科學，到東方太極陰陽五行引領的生命科學；從西方的波動方程式一以貫之的自然物理，到東方太乙先天一炁維繫的氣血生機；從西方的意識——潛意識——集體意識理論，到東方的元神——三魂七魄的修證；從西方卡巴拉智慧傳承，到東方儒釋道融會的中道實踐體系；從特殊幾何線圈陣列的療效發現，到尋本溯源的探討原理背後；本書的內容跨越古今，連結東西文明，存異求同，希望撥開歷史迷霧，開闢一條人類迫在眉睫險困的光明出路。

無論成果如何，我總算在二〇二二年對自己交出了成績單。身為一個資深臨床醫療工作者，我必須很務實的說，人的病痛苦惱，癥結都在頭腦自我，而療癒的契機也在自己頭腦。

不論從西方量子科學的波動，或者東方無常與業力觀點，人生一切都要作「動詞」看，生老病死，成住壞空，名利富貴，都是變化過程，「名詞」只是頭腦的假設，引導人生去經歷體驗，執著了，生命便停滯不前，煩惱病苦也就接踵而來。

和慣性業力相應的是頭腦，超越頭腦，解除頭腦的制約，才能跳脫煩惱的輪迴束縛。超越頭腦的唯一方法，就是讓頭腦回歸身體整體生命力的流動。頭腦原本是身體的一部分，當它自以為獨大，脫離了身體全整的運作，陷入神經迴路迷宮中，無法自拔，便造成了我們現實人生的無解困境。

讓頭腦重新回歸到身體的整體運作，藉由呼吸，透過回光，建立正念，活在當下，讓身體完整和諧運作，形成能場迴圈，不斷迴盪優化穩定。

超越頭腦的唯一方法，就是讓我們身體，完整歷經這樣的鍛鍊，在過程中，仍要一再檢視反觀，避免再度落入頭腦的想像，因此，只是純粹的經驗被留下，所有的觀念、知見、解釋，皆需一一檢視和解除，直至經驗本身也會融入大自然消逝，無比的空性顯現，無垠的自性本空。我們的身體也會回歸到宇宙全整的和諧運作，無限生命力洋溢，無邊的幸福自在，這才是我們生命的本真。

最後要特別感謝秀威出版社慷慨協助，讓這樣一份難以定位的文稿得以出書。相信一切都是宇宙恰恰好的安排。願我臣服一切的發生……

（2022.11.02）

上為日本傳過來的能量花鋼絲圈。下為我還原改版的正旋與逆旋共存，量子疊加態鋼絲圈。

量子疊加態，（正）順時鐘旋轉，與（反）逆時鐘旋轉，並存。

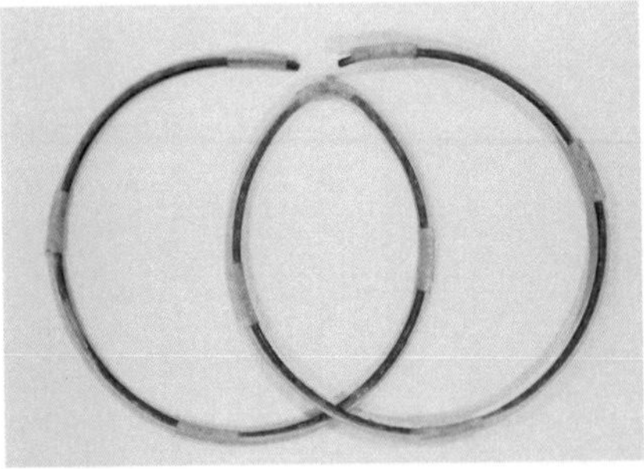

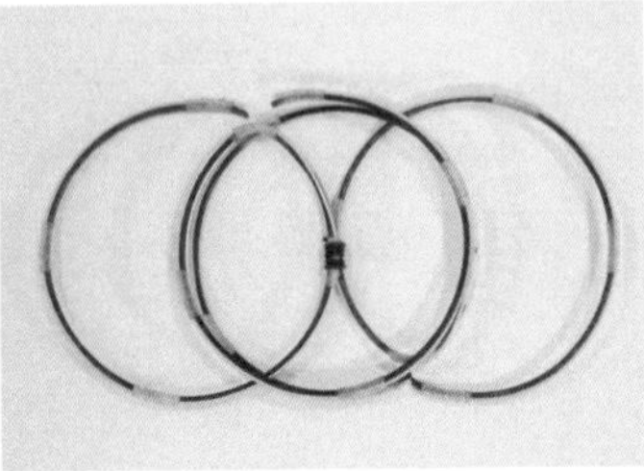

生命之花，量子糾纏傳遞。

目次

前言

約莫二千五百年前，老子西出函谷關，為關令尹喜所請，留下《道德經》五千言，成為有歷史記載道家傳承的開始。

「關尹、老聃乎！古之博大真人哉！」《莊子・天下篇》如此貼近描述老子和關尹子，又謂「建之以常有無，主之以太一。以濡弱謙下為表，以空虛不毀萬物為實。」道，無名無相，清靜無為，道家不會在「道」上建立任何哲學理論，但是開悟覺醒了的道家真人，會為仍然沉睡迷夢的眾生，指點出道路方向，「常有無」與「太乙」就是道家開創祖師老聃和關尹，傳下的法寶心印。

所謂「常——有——無」，配合以後句「以空虛不毀萬物為實」，與佛教義理「空——假——中」，一心三觀，圓融三諦的止觀法門是根本相通的。建之以常有無，乃是建立起常有常無的中道觀念，和佛教所傳不一不異的中觀修行，目的都是為了對治和解脫，頭腦的煩惱迷障。而主之以太一，主者，柱也，柱立太一為修煉核心，太一同於太乙，然「乙」寓意更妙更廣，乙既表單一，又有第二位的含義，字形如倒S似正弦波，象徵三生萬物的波動，太乙完整涵蓋了「道生一，一生二，二生三，三生萬物。」的創生奧秘。

太乙即是代表無上神聖的三位一體，萬象本源，萬物本體。

二十世紀成道大師奧修師父在為門徒講授《金色花的奧秘》（中文原名太乙金華宗旨）時，曾特別讚揚說道：

「這本書，金色花的奧秘，非常古老——可能是世上最古老的著作之一，肯定足有二十五個世紀之悠久深遠，也可能遠比這個還要更古老，但二十五個世紀可以很容易的被追溯到。這本著作更是一本綜合了所有偉大宗教的偉大著作。這是罕見的，獨一的。

聖經屬於基督教徒，塔木德經屬於猶太教徒，吠陀經屬於印度教徒，法句經屬於佛教徒，道德經屬於道教徒。但這本小書，金色花的奧秘，不屬於任何一個人，也就是說，它屬於每一個人。它深深的根植於道家的思想之上，它是道家的一朵靠近生命和存在的花。

……世紀以來它只以口耳相傳，因而這本書一直保持神秘，它沒有廣泛流傳是因為它的教導非常神秘，它只向門徒揭示。只有當時機成熟，師父會告訴他的門徒，因為如果你無法正確地了解它帶給你的潛在神秘，如果你出錯了，它會造成禍害。它必須被正確了解，而且必須要當師父在場的時候它才可以進行。它是一種強大的方法——像原子能一樣的強大。

……當一些東西有被口頭傳遞，那是很美的，它是活的，一件事情——師父在它的背後。它不是一個死死的文字，這文字有靈魂、有翅膀。有師父的經驗支撐著它，師父是一個見證。

它不是一種臆測，不是一門哲學，而是一些存在的、去經驗的、活生生的東西。

……因為口耳相傳這個傳統，這本書得以一直保持著活生生，那便是它變得綜合性的原因。基本上它是在中國的道家氛圍之下誕生的，而後來菩提達摩來到中土——一位新的師父和一個來自印度的新訊息，佛陀的訊息。

而那些追隨金色花的奧秘的人十分敞開，他們不是任何一所寺廟的一份子。他們立即看出了菩提達摩也具有它——它很明顯，很清晰。他們讓菩提達摩的教導成為他們的教導之一。同樣的事情也發生在祆教的師父身上、景教的基督徒身上。一再又一再地，只要有外來者踏足中土，只要它是有價值的，它便會被加入。」（金色花的奧秘・上・奧修談呂洞賓／奧修著：翠思譯／神秘玫瑰出版社）

奧修師父所說的金色花的奧秘，即是太乙。在中華大地上，從古至今活躍著這樣一個神秘的傳承，它雖然根植於道家，但絕不僅限於道家，歷史以來它接納融合了各大宗教的精華，造就了舉世獨特惟一的太乙傳承。更重要的是——師父在它背後，那些修行太乙成就解脫者，被尊奉為太乙真人的大師們，信守他們的誓願，穿梭時空而來，殷殷守護著太乙教誨以及追隨它的門徒。

本書寫作的原由，也是這樣一個太乙的約定。

首先是從有自我意識以來，便苦苦自我追問生命的意義為何的我，這個我，賭誓如果我知道了，一定會告訴所有想知道的人。這個我，在頭腦的框框裡始終找不到出路。然後三十三歲時太乙師父指點了我，一個圓同俱左旋和右旋，中間一豎劃，尾結在一點。然後再三十年，從西方的生命之花、生命之樹、神聖幾何，終於遇到由東方傳到西方，如今再自西方迎回東方的金色花的奧秘——太乙金華宗旨，我的追尋看似繞了一圈回到原點，但我真實經驗到的是正與反向繞圈（好比西方與東方），共時同步發生，相沖相和振盪波動，生命的圓，看似萬般靜止，實是縈迴振動不已。

這是太乙，同步促發了東方的生命科學，以及西方的物理科學。

太乙的大能，惟有東方太極陰陽五行，與西方生命之花神聖幾何，重新歸位完整契合，方可生起無比大用。

以下我要訴說的故事，從零磁場螺旋線圈，到能量花鋼絲圈，魚形橢圓鋼絲圈，以及生命之樹的五行陣列，皆是引我步步發現太乙的歷程。這些當初令我震撼驚歎的遇見，回頭看來僅只是太乙皮毛膚淺的應用。真正對我珍貴受用的，是內在自我認知的提升轉變。太乙源於無中生有的大能，既顯形於意識外在萬象，也隱行於意識內在知見。歷經太乙洗禮，頭腦二元對立分裂狀態消解，回復意識本來的合一一體面目，當頭腦只是頭腦，一切存在呈現和諧振動，身心靈自在回歸中道，中脈空性自然展現，我們來到地球的生命旅程才真正開始。

太乙，我的故事，也是每一個地球行者的故事，願所有來到地球的行者，都能知道太乙，修行太乙，成就太乙。

（111.08.16）

第1篇　解密元年

萬有萬象皆是波動。
二〇二二是生命之花解密元年
如何開解生命之花的奧密？
又為何要解開生命之花的密藏？
那些苦苦追尋生命意義不可得的人
那些關懷地球生態人類終極命運的人

請把生命之花
視為一切的開始
一切的過程
以及一切的達成
啊！道　是的。就是　道

是即曼荼羅　輪圓俱足　心中心
是即轉輪聖王所執掌的金輪
是即維摩詰經中宣說不二法門天女散花
是即佛陀靈山會上拈花示眾的正法眼藏
是即三千年一開兆示轉輪聖王出世的優曇婆羅花
生命之花是眾妙之門
我們離家的門
亦是返家的門

以心經心咒「揭諦・揭諦・波羅揭諦・婆羅僧揭諦・菩提薩婆訶」啟動生命之花。曰：

如法輪圓轉，如蓮花開展，圓心不離圓周，圓周不異圓心，如圓輪瀰滿成虛空，是明點聚散為萬象，圓原是點，點還是圓，生命之花母圓生六圓，如是生滅不息，如是回光解脫，這是完整生命實相的體悟，也是此岸與彼岸唯一的橋樑。前進，前進，度越過這生命之花所顯化的宇宙浩瀚生命汪洋，縱然我們有萬千多個不同的出發點，不同的軌跡途徑，終將歸向這如是來如是去，合一解脫的大道。

生命之花
宇宙源起自性第一動
第一波動啟始
生命之花

（111.02.11）

土耳其伊斯坦堡著名六柱藍色清真寺，祈禱大廳背牆窗櫺，赫然見到神聖的生命之花圖騰。

生命之花

第2篇　頭腦幻象

親愛的地球行者
請不要再說生命是幻象了
請不要誤解了所有過往智慧成就者的話
當人類文明發展出量子力學相對論
我們開始能夠和自己的頭腦身體對話了
它們就存在這裡此時此刻
請不必再說它們是幻象了
對於現代科技文明的我們來說
生命的存在是過程而非幻象
是當下最適合的觀點
是的。當下。
如果生命不是過程

那麼就沒有所謂的當下
當你直覺體會到當下
你也察覺到了生命就是過程
執取一切是真與執取一切是假
兩者都是推理用的假設
頭腦的運作必須依賴推理
猶如身體在地面行走必須依賴雙腳
直到我們在地球上旅行了夠久夠遠
我們終於發現一直直線的前進讓我們牢牢固定在地面
而我們期求的目標也一直像眼前的海市蜃樓
飄忽在無法企及的天際
如是亦然
不是執著於真就是執著於假的頭腦推理
不論你從那一邊出發
你將永無止境的環繞一個封閉的迴圈
並沒有誰為你設下這個禁錮的圈套

完全是頭腦自己我的知見
宇宙不是幻象
生命不是幻象
但封閉在頭腦裡的我
才是唯一的幻象
應作如是觀。

（111.02.12）

第3篇　腦科學

萬有萬象皆是波
皆是振動
描述波和振動的語言是　數
數　是宇宙的語言及法則
人類發現了數學
在頭腦中點亮了科學的火種
世界成為可以度量、預測和掌握
百年前人類頭腦裡誕生了廣義相對論和量子力學
隨即
兩顆落在日本的原子彈警示人類已有自我毀滅的科技能力
震驚之際
人類頭腦被迫望進頭腦自己

以科學的方式
探究人性
探討生存策略
探索意識
科學以實驗、假設、公式、計算來研究頭腦
科學本是頭腦發明的工具
而科學反過來證明了
頭腦本質上也是工具
以現代電腦術語來說
頭腦是超超超……級的預測引擎
至高目標是讓我們儘可能活下來
在這充滿危險和機會的世界上
頭腦無時無刻不在運算預測
精確調控身體內部環境衡定
卻粗枝大葉地編排自己人生故事
頭腦精打細算

是身體稱職的管家
但不是當家主人
頭腦擅長預測
卻往往過於自信而淪為臆測
看看人群社會充斥盲從瞎信
惑誘人的廣告媒體
橫行的詐騙集團
真假莫辨的魔術表演
頭腦本質其實並不科學
頭腦最終極的傑作
就是打造了一個「我」
然後「我思故我在」
自我加冕
稱王作主
科學亦是頭腦的登峰成就
藉以攬鑑自照自我獎賞肯定的一面鏡子

尷尬的是當相對論量子力學出世
科學的魔鏡裡竟然看不到頭腦「我」的蹤影
機率函數　量子波
疊加態　波函數塌陷
時空解構　頭腦布幕被拆穿了
沒有主角
沒有舞台
沒有故事
只有生命整體在流動

（111.02.17）

第4篇　數學之道

親愛的地球行者
請不要糾結停滯於
求學時代數理學習障礙的情結
複雜的公式方程式
就留給專家學者吧
數學邏輯
其實是一套精簡抽象的表達方式
就好比各種藝術創作
經由數學窺見的宇宙
身影
簡約和諧
對稱唯美

大自然是最偉大的創造者創作了完美的祂自己
我們雖然不能成為一個創作家
但我們仍然能夠賞析作品的蘊涵
我不必是精通數學的科學家
但是我可以懂得數學
所吐露的奧秘和美
甚至比學者專家們
望見得更深遠廣大
「數學是宇宙的語言和法則」
幾何形相是「空間的數」
音聲旋律是「時間的數」
神經纖維上電磁振盪起伏的
感動、情緒、欲望
是「心理的數」
老子道德經「道生一，一生二，二生三」
三位一體

「三生萬物。」
這是「靈性的數」
啊　一切存在始終皆是　數
始初為　零
終極為　零
從零到零之間
始終一貫「相對性、不變性、對稱性」法則
走進生命之花
首先必須步入這條數學科學的道路

（111.02.18）

第5篇　原點

親愛的地球行者
我們迷路了
我們迷失在自己的頭
腦裡
回不到地球的家
更回不了宇宙的故鄉
不要再找尋了
生命座標的原點
不在此
不在彼
因為非關彼此
而是關乎你的頭腦

是的。告訴你一個天大的秘密
生命座標原點
本來就在
一直都在
而頭腦卻一直向外找尋
甚至不知道
自己在找什麼
就像追著自己尾巴跑的貓
兜著圈圈轉
或者如同銜尾蛇
無止盡輪迴
陷入虛無困頓
原點
我們今世今身
頭腦裡始終留有祂的位置
靈魂的孔竅

第三腦室空腔
正在頭腦的中央
前有腦下垂體
中有視丘丘腦
後有松果體
神聖的空杯
宇宙的祝福將為你斟滿
就在遍佈我們全身的神經系統中
一粒粟中藏世界
半升鐺內煮山川
只要你懂得那個「空」
讓出那個「空」
靜心止觀
回光守竅
無非就是這個「空」
如是生命之花在「空」中綻開

空——原點——生命之花

（111.03.03）

第6篇　科技文明

如何粟粒藏世界
談的是訊息網絡
什麼鐺鍋煮山川
論的是能量轉化
訊息——能量
生於科技時代的我們雖是耳熟能詳
但是普世的認知
仍停留在
科技運用乃屬客觀外物
與自身主觀意識經驗截然不同
這也是當今科學佇足不能跨越的鴻溝
一粒粟喻的是本體

半升鐺指的是萬相
藏世界煮山川說的是妙用
體相用是一
謂一者
天地萬物與我同一
皆不離道體本源
是真如自性所生萬法
皆體相用俱備於一我
如其在內
如其在外
如其在上
如其在下
不論東方西方煉丹法煉金術
法要都在打破物我的界限
密契運作宇宙源起始初創生的法則
善盡生命潛能

進化心性形質
復歸大道圓明

（111.03.04）

第7篇　幾何圓

生命之花的幾何圖形
基本為　圓
一圓反復生六圓
第一個中心圓圓心移到圓周
成為第二圓的圓心
而第一圓圓心成為第二圓圓周
第二圓圓周與第一圓圓周交點
復成為第三圓圓心
第一圓圓心再度成為
第三圓圓周
如是反復
共在第一圓圓周上形成六個圓

「道生一」中心圓。
「一生二」中心圓圓心成圓周，圓周變圓心，生出第二圓。二圓乃是正反一圓。
「二生三」兩圓圓周交點成為圓心，生出第三圓。
「三生萬物」圓心圓周如此三反復，成為生成萬物的模板定律。
點　圓心即圓周　圓周即圓心
點即是圓　圓即是點
圓即是點　無限小　黑洞
點即是圓　無限大　白洞
生命之花　洞見生命的圓。

（111.03.06）

第8篇　圓周圓心

圓　最完美的圖形

圓　不變——相對——對稱

圓　至真——至善——至美

圓一定有心

圓心抽象無相——體

圓周具體有相——相

圓周轉動為輪——用

圓的作用大矣哉

圓支配宇宙天體運循

圓推動人類世界文明

圓　體相用全備

圓　圓心——圓周關係數 π　圓周率　神一樣的數　綿延無盡生生不息

圓　神的印跡
生命之花　濕婆之舞　創生的舞步
圓不能無心
圓心顯化圓周
圓周示現圓心
圓心為「點」
點　神說出的字
一切形式存有的基石

（111.03.07）

第9篇　零——點——圓

幾何學最早出現於古埃及
實用的數學
繼起的西臘將之升格為抽象邏輯
哲學的數學
幾何學的最基本要素——「點」
點移動成線（1維）
線移動成面（2維）
面移動成立體（3維）
點（0維）？
有長度？無長度？
從此困擾人類頭腦
信仰「點有一定大小。」的畢達哥拉斯學派

很快陷入「西臘人對無窮的恐懼」
被自己發明的「畢氏定理」無理數打敗
「點只占有位置，而沒有長度。」
這是歐幾里得的公理演繹系統主張
沒有長度的點
如何無中生有
累積出有長度的線段
這個矛盾難題
停滯了兩千年後
微積分學的開創
把「點」的長度視為「無窮小」
僵局始有轉圜
「無窮小最接近零，無窮小是如此的小，以至於不再是某個東西，但它還不至於是空無。」（Ilse Bing）
數學發展史上
人類對於「點」存有的堅持

對於「零」空無的排斥
深刻反映出頭腦的自限
從「點」的有出發
頭腦尋求世界的組成原素
數學引領科學
從元素——分子——原子——量子——超弦
點　無限逼近空　無
點　忽隱忽現　介於有形與無形
如其上　如其下
點　游離在形而上形而下
點　似形非形
卻是一切有形的基礎
點　接受零　才能完整
而頭腦仍然在流浪
點　神說出的字
哲學　聽到的是句號

幽幽獨白天地宿命
科學　聽到的是問號
踽踽追尋宇宙答案
藝術　聽到的是嘆號
切切回應生命感動
惟
生命之花串起
神的話語
圓——點——零——無限小——無限大——無
圓滿道出穹蒼生命的故事

（111.03.08）

第10篇　德隆瓦洛

向《生命之花的靈性法則》作者德隆瓦洛致敬
他的努力使得生命之花獲得世人的重視
生命之花　一圓自生
六圓的法則
普遍存在我們生活周遭
時間循轉的劃分
圓周運動的刻度
皆為六的倍數
古埃及人即以六代表時間空間
六象徵著物質世界
六也意涵有孕育　生生不息
所有意義都衍伸自生命之花神聖幾何

六是人的數字
創世紀記載上帝第六天造人
六亦是敵基督——獸的數字
這個獸　非是自然界生物
基督信仰新約聖經啟示錄數字６６６
指的是人吃下生命之樹的智慧果
發展出得天獨厚的大腦皮質
乃至人類頭腦延伸出的人工智能機器
才是聖經所預警足以威脅毀滅世界的　獸
獸的印記　即是人工智慧晶片
獸的封印　是人類遺忘了頭腦中的腦室空竅
生命之樹上那個洞——空
太過專注於外在物質世界
六　會像失散了母親的小孩
失去了愛與力量的源頭
陷入非理性的矛盾抗爭

六　必須重回母圓一的懷抱
六加一成為七
七是理性智識成長
當下　階段性的完成
上帝以七日創造天地人的寓喻
六　點和圓　圓心與圓周　相依共存
七　渦旋　向心與離心　互倚同存
道德經云「反者道之動，弱者道之用。」
反者　圓繞周返　六
弱者　橈曲旋行　七
又「天下萬物生於有，有生於無。」
生命之花　點——圓——1——6——7
能生萬物於無
和老子《道德經》莊子《南華經》並尊道家三經
列子《沖虛經》
其中〈天瑞篇〉有云

「夫有形者生於無形，則天地安從生？故曰有太易，有太初，有太始，有太素。
太易者，未見氣也；
太初者，氣之始也；
太始者，形之始也；
太素者，質之始也。
氣形質具而未相離，故曰渾淪。
渾淪者，言萬物渾淪而未相離也。
視之不見，聽之不聞，循之不得，故曰易也。
易無形埒，
易變而為一，
一變而為七，
七變而為九。
九變者，究也，乃復變而為一。
一者，形變之始也……」
「易」而一而七
生命之花也

由七而九
復變為一
生命之樹也

（111.03.19）

附記：每寫成一篇重要的資料，就會大地震動，南投竹山地震六次（三月十九日夜）加一（三月二十日凌晨），六、七皆應生命之花數字。

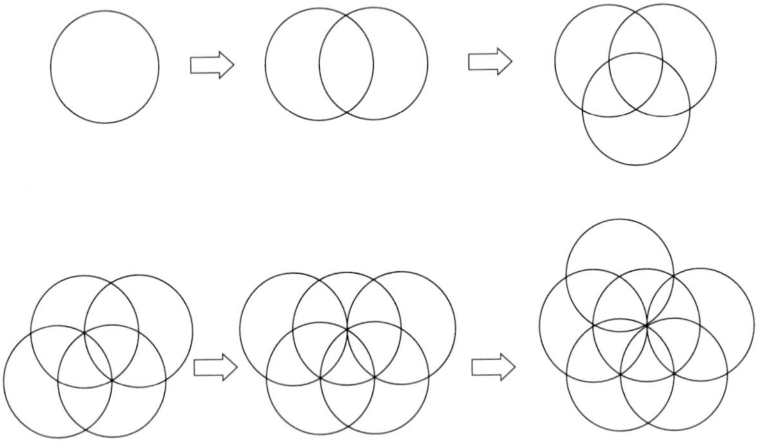

生命之花的表法：中央一圓，依圓心－圓周互換規律，生出六圓。

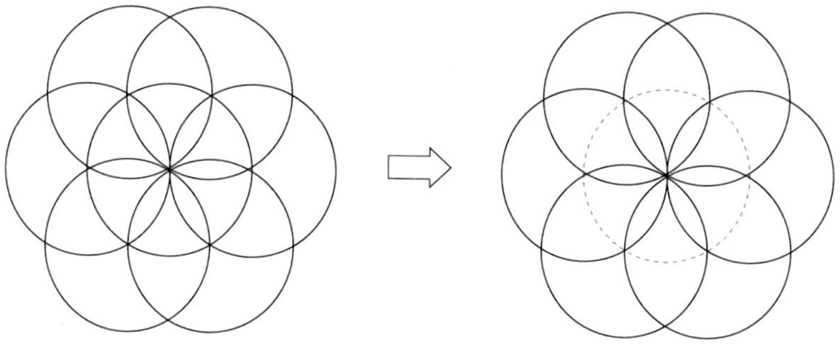

生命之花，一圓變七圓，「功成弗居」，功成身退，中央起始第一圓復歸於零。

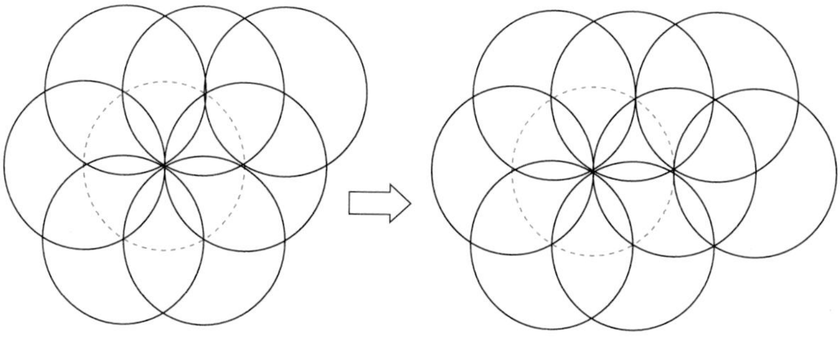

「生而不有，為而不恃，功成而弗居。夫惟弗居，是以不去。」《道德經第2章》中央母圓雖然消去歸零，但創造的力量生生不息。

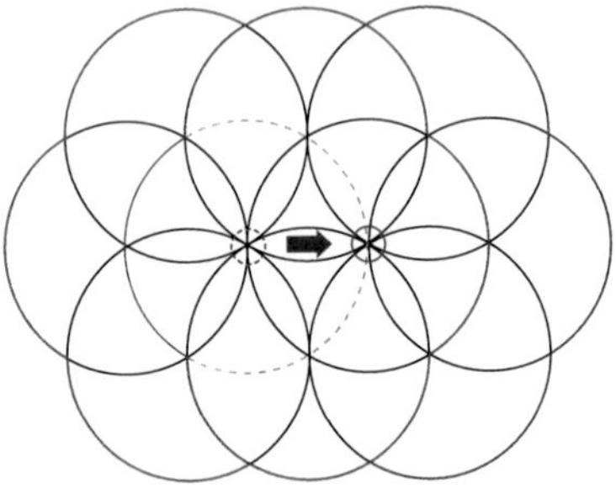

紅線標示第一個生命之花，藍線標示第二個生命之花。第一個生命之花，中央圓消失，轉化傳承予，第二個生命之花的中央圓。

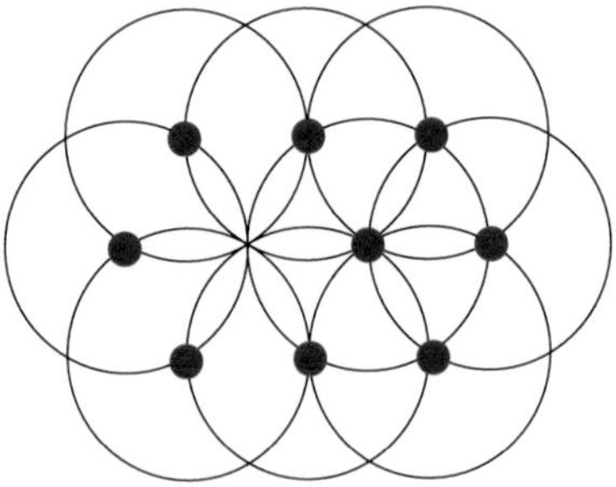

這是表達宇宙創造生生不息，生命之樹的原型。

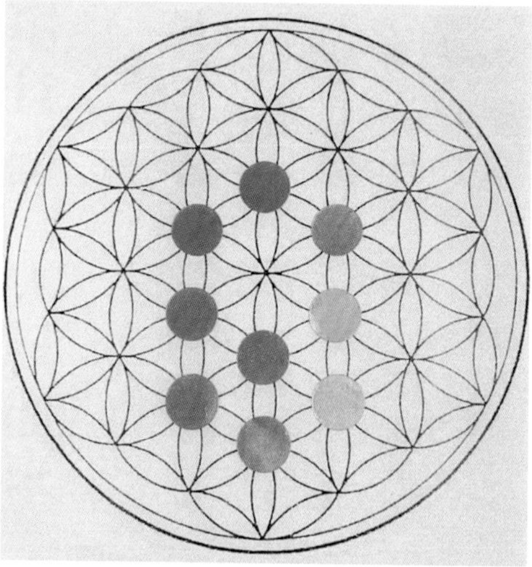

亦即《列子》所謂「七變而為九」。

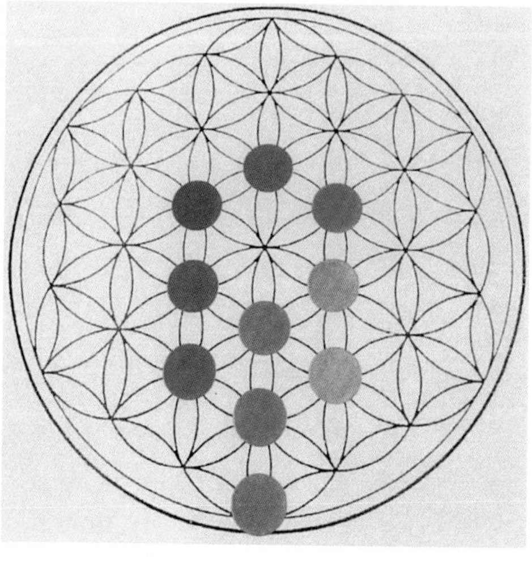

此為完整生命之樹的表法，共十個圓點(原質)。亦即《列子》所謂「九變者，究也，乃復變為一。」此一即十也。

第11篇　大日如來

列子《沖虛經》太易
是即　大日如來　不空
太初　太始　太素
對應著
意識　時空　質能
不空　總括一切存在的發生
不空之義　大矣哉
大日如來　毗盧遮那佛
佛教絕對真理的至高代表
一切諸佛菩薩之總咒
《大日如來大灌頂光真言》
OM唵　臣服

Amogha不空
Wairojana大日光明遍照
Maha偉大源頭
Mudra手印　身　質能
Mani寶珠　心　時空
Badma蓮花　靈　意識
Jwala光焰　圈　六
Bawardaya旋繞前進　七
Hum結界穩固　八
啊！渾然正是生命之花的無上禮讚

（111.03.21）

第12篇　三位一體

親愛的地球行者
生命即是過程
經驗者　和　被經驗者
以及　經驗
一切一切都是　波動
皆是　振動
物質能量是　波
時間空間是　波
意識是　波
意識的振動
源自　明　與　無明　的交互作用
時空的振動

源自　無限　與　有限　的交互作用
物質能量的振動
源自　正引力　與　反引力　的交互作用
如是
以　明　照見　無明
意識　即是　經驗　本身
從　無限　進入　有限
時空　即是　過程　本身
正引力　圓極返復　反引力
物質能量　即是　發生　本身
何能遊戲神通
何得逍遙自在
以此
奧妙無比的三位一體
是即翡翠石板《翠玉錄》
所述

俱有世界完整三部分智慧
被稱為三重偉大的赫密士

（111.03.27）

第13篇　三顆原子

《生命之花的靈性法則》德隆瓦洛
宇宙史詩級磅礡巨作
回溯地球人類生命的星際起源
綜覽宇宙銀河壯麗浩瀚樣貌
我們地球生命存在絕非偶然
並不孤單
也不渺小
在更高進化靈性生命體的關愛教導下
地球人類正歷經一場關鍵性的抉擇考驗
最終決定我們光明揚升
抑或黑暗墮落
偉大的導師

圖特（Thoth）地球守護者
引領作者德隆瓦洛
在生命之花的地圖上
重新找回宇宙遺失的三顆原子
已獲得永生的神人　圖特
也以赫密士（Hermes）之名留下不朽的翡翠石板《翠玉錄》（Emerald Tablets）
數千年來被西方神秘學煉金術奉為圭臬
連現代科學的祖師爺牛頓也醉心鑽研
是的
就是牛頓
被舉世尊為科學家典範
譽為理性化身的牛頓
末代煉金術士最後一位賢者
更是隱藏版的真實牛頓
攸關人類命運發展
乃至全體宇宙所關注

圖特意指的三顆原子

謎底早在《翠玉錄》裡揭曉

以下依據牛頓所寫的翻譯文

1. 這是至真實，絕不虛言。
2. 在下者如其上，居上者如其下，如是成就太一的奇蹟。
3. 萬物本自太一，藉由分化而自太一生出。
4. 太陽其父，太陰其母，風中孕育，地以長養。
5. 世上一切善美皆以此為宗。其力轉化於土中乃能完整。
6. 自火分離出土，萃析精華於粗糙，敬慎篤行。
7. 從地升天，又降返地，獲得在上、在下的能力。
8. 如此世上榮耀將歸於你，脫離所有暗晦蒙昧。
9. 這個力量超越一切，任何精微難解不能障礙，所有堅牢皆可穿透。
10. 世界即如此被創造。
11. 依循此道可達成造化的奇蹟。

12. 如是我被稱為三重偉大的赫密士（Hermes Trismegist），擁有世界完整三部分的智慧。
13. 如是我已述說完全，萬有源頭（大日）的偉大工作。

三顆原子
世界完整三部分智慧
三重偉大
三位一體
人類命運的關鍵
以生命之花為名
邀請所有地球行者
一起來打開
塵封兩千五百多年的奧秘

（111.03.29）

第14篇　牛頓煉金術

天縱睿智　牛頓
萬有引力定律
牛頓三大運動定律
為古典力學奠定不朽的基石
畢生潛研煉金術玄學秘法
矢志追尋「第一推動力」真諦
惜哉未竟全功
即使人類最特立優異的頭腦
仍然不能跳脫二元對立認知的禁錮
無由窺得煉金術三位一體的堂奧
翡翠石板《翠玉錄》
闡述呼應的正是老子《道德經》四十二章

「道生一，一生二，
二生三，三生萬物。萬物負陰而抱陽，沖氣以為和。」
道
虛無潛藏
一
存有實現
道生一
創化生生之蓄勢
一生二
創化生生之理法
二
陰陽　二元糾纏　相倚相生　圓旋返復　一而二　二而一　兼一又二
是生三也
三者　陰陽返復　沖氣以為和　波動也
一者　萬物化生之始源
二者　萬物化生之法則

三者　萬物化生之運作
三生萬物
萬物皆是波動
萬物皆以波動而生滅轉化
亦即五行生剋制化
如是「天下萬物生於有，有生於無。」
道　以「一」、「二」、「三」生出萬物
而「一」、「二」、「三」渾然一體　合而為道
謂之　三位一體
道　不可道
吾何以知之識之
以此三位一體也

（111.04.06）

第15篇　翠玉錄

翡翠石板「翠玉錄」

如是解讀

1. 真理可以驗證實現，不是虛論空談。
2. 上下的對應，雖似二分，其實是一，這是創化奇蹟的核心。
3. 萬物起源於「一」，「一」藉由「二」的分化對應而生出萬物。
4. 「二」即陰陽。陰陽互繞糾纏，相應相生，繼有五行為天地育養萬物。
5. 陰陽成就世間一切完美。萬物皆自旋互旋而歸於中心（土），與創化源頭的力量維繫完整不墜。
6. 土生於火，五行始終不斷推動萬物朝向精妙演化。
7. 陰陽返復於天地間相沖相和，結合上與下的力量，如是波動形成。
8. 太一　陰陽　波動，渾成三位一體，掌握了這個法，你才能超越頭腦的封印。

9. 這是創化的力量，無比偉大，能破虛空，無何能擋。

10. 這個世界因此而生起。

11. 依此法則，締造從無生有的創化奇蹟。

12. 我是三位一體的成就者赫密士。

13. 在此我宣說，萬有源頭　大日如來　的偉大工作。

（111.04.08）

第16篇　三相一體

梅爾卡巴
德隆瓦洛《生命之花的靈性法則》
宇宙失而復得的三顆原子
3D立體版的太極圖
正反相套疊的正四面體
太極圖上黑白雙魚
同一個時空中順逆時鐘方向並存的旋轉
太極圖圓周上左旋右旋共相的繞動
梅爾Mer光
卡Ka精神體
巴Ba物質載具
梅爾卡巴

身心靈的神聖幾何架構
說是三顆原子
實為一體三相
其一自旋逆時鐘
另一自旋順時鐘
兩相共疊加
呈現一不動相
三相共一軸中心
如是太極圖亦然
「天地之間，其猶籥乎！虛而不屈，動而愈出。」
《道德經》第5章言
梅爾卡巴以及太極圓
形似不動
卻是陰陽兩勢　不斷沖和　振盪不已
此古道家謂之　炁
現代科學研究謂之撓場效應

「多言數窮，不如守中。」《道德經》第5章接上句
三位一體
三生萬物
「夫物芸芸，各復歸其根。」
萬物雖多
其根源都來自於一
「復命曰常，知常曰明。不知常，妄作凶。」
人的頭腦追逐執著於萬物紛紜的表相
則物我　終必窮竭殆盡
不如回轉意識　內守不離　應萬變而不變　的中心
三位一體　的中軸
梅爾卡巴　的軸心
則物我皆無盡逍遙遊
「知常容，
容乃公，
公乃全，

全乃天，
天乃道，
道乃久，
沒身不滅。」
先知　德隆瓦洛
三相一體　梅爾卡巴靜心
揭啟此紀人類新時代序幕
何其偉大的貢獻啊

（111.04.12）

第17篇　魚形橢圓

親愛的地球行者
讓我們彼此提醒
不要落入頭腦的二元劃分對立
梅爾卡巴的幾何表象
目的是安住頭腦的想像
在頭腦念與念起伏之間的空隙中
梅爾卡巴　神聖幾何的真諦
才會向你透露
當能量轉達為物質
會以直線和三角結界現形
這是梅爾卡巴如此美麗莊嚴正立方體的呈現
進入梅爾卡巴靜心

神聖的愛
合一的意識
三位一體的波動
必先回歸　生命之花的魚形橢圓
（vesica piscis）
連結靈性與物質的橋樑
魚形橢圓
生命之花神聖起始的第一動
無以名狀不可思議的宇宙　心中心　道
神聖的　圓心即是圓周
第一動
圓心　分開　圓周
圓心成為圓周　圓周成為圓心
如是魚形橢圓誕生
神聖的　圓心即是圓周
第一動

生兩圓
完美說出祂自己
於是縈繞迴盪充滿
宇宙就是
祂的話語
波動
第一動　是一　道
生兩圓　是二　陰陽
波動言　是三　萬物
沒身不滅啊！老子
道生一　一生二　二生三　三生萬物
魚形橢圓的表法
兩個同樣大小的圓周
相交接觸對方圓心
兩圓重疊部分為橢圓
神聖幾何魚形橢圓

三位一體的終極表達
不空道一
陰陽非二
沖和炁三
兼一又二衍三
古道家尊之「太乙」
乙者，既是一又是二，妙甚！
道家修煉法器　陰陽環乾坤圈
具象魚形橢圓是也

（111.04.14）

第18篇　在而不住

親愛的地球行者
「世界一直都在。
但是不住。」
你是否和我一樣
等了一輩子為這句話
七歲時走在上學的山坡路上
一個念頭像閃電般打到我的腦袋
「一切都是假的。
這個世界並不存在。」
隨之籠罩的是無邊的恐慌陷落
我的靈魂暗夜
從此一生懸命

死參這椿無頭公案
宛如荒謬劇作——等待果陀
遙望無期的救贖
所有宗教智慧現成答案皆失去神力
直到這句話咚的一聲悠然響起
七歲時掉進生命古井的那顆石頭
終於碰觸井底水面
生命回應了我的問題
「世界一直都在。只是不住。」
三位一體的秘義
曙光乍現
一直以來我個人的故事
原來是整個宇宙的故事
應無所住　而生其心
佛教金剛經的核心法要
我相——人相——眾生相——壽者相

這是人類頭腦的二元對立
應無所住
即是不住於二元對立
超越頭腦
心　自在解脫
自在　只是　在著
在　不是　住
是　無住
世間一切都是在
也一切都不住
陰陽二元和諧運作
萬物本質
何故人類頭腦二元對立
皆源於我執
自我意識
立一我於二元世界之上

金剛經謂之一合相
一合相非是　合一
更不是　一
金剛經以三段論式破我執
如來說「我」
即非　「我」
是名　「我」
如來回應眾生的「我」
只是如實反映出「我」的虛幻
眾生自見其幻，其幻自敗，不復為「我」所困惑
「瓶中鵝」鵝從來就不住瓶中啊！
三位一體
魚形橢圓
生命之花
道
惟　無我　無為　乃能開解

道常無為而無不為
地球即將進入生命之花的黃金時代
準備好了嗎？
地球行者

（111.04.19）

第19篇　個人簡歷

我畢業於高雄醫學院
臺北榮民總醫院
家庭醫學科住院醫師期間
民國七十年代
正逢政府因應國際情勢重點發展人體科學研究
範圍涵蓋氣功、針灸、中醫科學化
臺北榮總特有
西醫主持的傳統醫學研究中心
成為國家計畫中教育推廣的主要部門
接軌歐美另類醫療
能量醫學
除了傳統針灸術

引進德國傅爾電針
從小沉迷古老道家傳奇
把握地利之便
進修研習中西整合醫學
針灸經絡穴道的臨床實證效果卓越
惜哉其基礎陰陽五行理論
未建立科學模式論述驗證
穴道經絡也無解剖發現
打開傳統中醫寶藏的鑰匙
需要更新思維重新打造
德國傅爾電針儀
檢測穴位皮膚電阻變化
建立電磁學生理參數
作為診斷和治療的依據
尤其是藥方的適性篩檢
開拓信息醫學領域

量子力學——物質波——波函數
成為日常實際不再抽象遙遠
其原理在一貫的波動和共振法則
從有形具象的機械波動
到電磁波動
以及量子波函數
共同具有波動方程式的數理本質
可以相互搭載傳播
因此電磁場波可以超越光速
騎乘在量子波函數的浪頭
傅爾電針臨床運用証明
以能量——波動——信息
更完整詮釋針灸經絡現象
經絡現象涵蓋了
機械波動——脈象
電磁波動——生理

量子波動——信息
而自古傳承的五行理論
即是描述能量波動信息
系統性迴饋衡定的法則
至於神隱的穴道
乃是身體最大器官——皮膚的奇特屬性
遍佈體表的信息網絡
協同神經和腦中樞
形成聯結各臟腑的反應區塊
調控體內生理的按鍵
人體自我校正療癒的程式設計
除了中華傳統經絡穴位
至今迭有新的治療體系被發現
潛力無窮猶待開發的養生健康寶藏
皮膚——處處皆是妙用經穴
這個借假的臭皮囊

卻是修真的憑藉
針灸經絡的至高準則
致中和陰陽平衡
回復天生自癒本能
為了親力實踐道醫理念
隨順因緣召喚落腳玉山下的嘉義
開立個人診所晃眼間三十年
始終守護七歲心中那個問天的孩子

（111.04.27）

111年4月24日，於南投縣仁愛鄉武界部落，獲得龍紋石，一面顯現側面觀音菩薩像，一面為道士偕道童下山圖。

第20篇　921地震

一九九九年九月二十一日撼動全島
台灣世紀末大地震不久
緣於零磁線圈的啟發
獨自摸索打造心目中的生命療癒場
一條電導線上兩端以相反方向螺旋捲繞
形成線圈兩方磁場向量正反抵銷
於中央交接點呈現零磁效應
研究者發現零磁場線圈卻具有未知的作用
改變水的電導率
影響生物效應
我信手以鐵絲製作把玩
感受明顯的振動

立體太極儼然成形
內心震撼不已如同九二一當下
全新的能量領域霍然洞開
我稱之元極線圈
引領新世紀的嚮導
太極圖陰陽密符
串聯並聯排列組合
盲目嘗試錯誤學習
囿於能力所及
以水為對象實驗
材料全憑手工處理紙筒和銅電線
從第一代依先天八卦連結陣列
回復水材本來
始初的純淨甘甜
到第二代五行相生系統
水質口感體受

層次豐富提升
及至第三代後天八卦
相位轉換
奇妙的身心靈感動
元極線圈順逆螺旋並存同在
契合「萬物負陰抱陽，
沖氣以為和。」
《道德經》所明示
而《陰符經》
「天之至私，用之至公。」
科學原理雖由個人發現
但放之四海皆準
「擒之制在氣」
沖和震盪乃生氣
「爰有奇器，是生萬象。八卦甲子，神機鬼藏。陰陽相勝之術，昭昭乎進乎象矣。」

奇器法寶
使陰陽相勝相推的法則
具體呈現利用
元極線圈也

元極線圈

（111.05.01）

第21篇　能量花

約莫二十多年前
由日本傳來臺灣
盛行一時的鋼絲圈療法
形狀像似三葉瓣酢漿草
民間推廣者稱之「能量花」
據悉首創發明者是
東京西町通整骨院村上晉一院長
外貼於皮膚表面
減輕各種痠麻疼痛症
書中描述的鋼絲圈製作方法
彷彿波羅米安之環
三圓交疊的設計

日本鋼絲圈療法橫空出世
其設計理念不見諸文獻說明
在發源地日本亦未充分發展完整體系
極簡幾何結構
竟有明顯改善疼痛效果
和人體神經電磁信號傳導
必然有著共振交感作用
還原其製作過程
乃是一圓
切開一點
斷點兩端各順著圓弧
交叉過
再朝兩方捲曲
如此看似形成三環
其實是二圓具中間重疊
是的！看到了嗎

哈哈哈　三位一體
魚形橢圓
再聯想到元極線圈
正反順逆並存的圓旋
能量花鋼絲圈同是
「負陰抱陽——沖氣為和」的奇器法寶
萬象皆是波動
身心靈的病痛苦惱
糾結紊亂的波動
根本的對治
致中和
回歸和諧共振
屢經調整改進
結合神聖數字幾何排列
魚形橢圓鋼絲圈
療癒潛力未可限量

病苦癥結難解
皆因我執深重
病痛與我執相互困縛
自陷地獄罪受
地獄不空誓不成佛
無比偉大　地藏王菩薩
無上大願救濟眾生
地藏王菩薩心咒
「嗡　哈哈哈　V斯瑪也　斯娃哈」
嗡（唵）
第一動
最始初的振動
哈哈哈
三乘之因
三位一體的奧義
V斯瑪也

稀有　讚嘆　奇哉
能令諸眾生解脫我相執著
斯娃哈
娑婆訶
成就　吉祥　圓寂　息災　增益　無住
「第一動　三位一體
令眾生去我執　無住
成就」
地藏王菩薩手執金杖破地獄門
金杖上的環即是乾坤圈陰陽環
魚形橢圓是也

（2022.05.03）

第22篇　元極線圈

甫發現元極線圈
於中華生命電磁科學學會研討會上
特向學者專家們請教
當時以一個圓形囍餅鐵盒塞滿元極線圈
蜂巢式排列
正當大家圍觀討論
我抽出盒裡正中央的一個元極線圈
好向老師前輩們展示線圈結構
在場修練氣功多年
國內能量醫學祖師級的陳國鎮教授
突然驚呼道
好強的氣感湧出

原本遲緩滯弱的氣場
如同水盆底的塞子拔開
瞬間振盪活躍傾瀉而出
我無意間的舉動
在「有」中留白了「空」
把「空」讓出來
奇蹟就發生了
西方卡巴拉思想中描述
遮蓋絕大部分世界實相的面紗
對我掀開了一角
「生而不有，為而不恃，功成弗居。夫唯不居，是以不去。」
（第二章）
「功遂，身退，天之道。」（第九章）
這些《道德經》所述
並非空言
而是言空

非言空空
乃是有空
滿滿整盒元極線圈
因為中心位置
讓出那個「空」
遂顯化出生生不息的能量場
從「有」讓出那個「空」
「孔德之容，惟道是從。」（第二十一章）
「孔」即是從「有」讓出的那個「空」
這個「孔」的德性如是偉大
能容受天地萬物
無形無相的大道
從祂而顯現
孔德，空性之德
其實講的是人
天地人三才

人何德何能與天地齊？
以孔德也。
孔德之容
從古至今昭昭明示於
東西方兩大精神文明標誌
東方太極圖
西方卡巴拉生命之樹
太極圖最為普遍型式的黑白雙魚眼
會在中央暗合為一
著名的明代來氏太極圖
則直接置一空圈於中央
以表太極本體
生命之樹
西方卡巴拉智慧傳承的核心
十個圓質（Sephiroth）
二十二條路徑（Netibhoth）

同樣中間留下一個空
卡巴拉的心中心
「孔德之容，惟道是從。
道之為物，惟恍惟惚。
惚兮恍兮，其中有象；
恍兮惚兮，其中有物。
窈兮冥兮，其中有精。
其精甚真，其中有信。
自古及今，其名不去，以閱眾甫。
吾何以知眾甫之狀哉？
以此。」—《道德經》第二十一章
所謂的「眾甫」
即是開天闢地的陰陽五行
解讀陰陽五行的密符奧藏
以此
孔德之容

三位一體
魚形橢圓
生命之花
生命之樹

（2022.05.05）

古埃及文物常出現的神秘符號「安卡」（Ankh），就是代表生命之花中的生命之樹，並且特別突顯示出生命之樹中的空洞。安卡又被喻為「生命之鑰」、「尼羅河之鑰」，象徵生命，在埃及古墓室中還代表永生。在埃及象形文字中，安卡不但意指「生命」，也指「鏡子」，再再突顯生命之樹中的空洞的重要性。

鐵盒內蜂巢式排列的元極線圈

第23篇　孔德之容

親愛的地球行者
前篇所謂：
並非空言
而是言空
非言空空
乃是有空
為的是再三強調
我們頭腦執著「有」
抽象哲學的「空」
空談無益！
實際發生在生活周遭
「有」中的「空」

才是有意義談論的「空」
「空」、「有」同存
是當下生命完整運作的真實
「空」一直都在
只是頭腦自我蒙蔽
視而不見
「空」就是所謂的「讓」出來
不己有　不居功　不自恃
從「有」讓出「空」
是身心靈全面性的體認
包括物質的——有——空
能量的——有——空
信息的——有——空
意識的——有——空
無為法
即是從「有」讓出「空」

我執——是人類最巨大的「有」
無我——是人類可以讓出的最偉大的「空」
《金剛經》云
「一切賢聖皆以無為法而有差別」
「空」沒有差別
差別在於被讓出的「有」
無我
頭腦仍在
差別不同的是
「有」安住在「空」母親的懷抱裡
遠離顛倒夢想
究竟涅槃

孔德
無為
無我

「空」「有」不二
如今攸關人類存亡命運
和西方《翡翠玉錄》若合符節
同樣被發掘於石洞密室
在東方煉丹術界地位等同崇高
千古奇書《黃帝陰符經》
其教誨警示
意義明確中肯
在人類恣意破壞地球生態
招致大自然反撲
面臨災難浩劫的當前
直指惟一救度法門是
「觀天之道，執天之行」
而如何能觀見天道？
以孔德也。
又如何能執天之行？

依陰陽五行也。

（111.05.09）

第24篇　陰符經

《黃帝陰符經》簡稱《陰符經》

「陰」

大自然運作分陰陽

陽　彰顯於外

陰　隱微內藏

「符」印契符合

「陰符」契合自然宇宙暗運密行的法則

陰符　對應　孔德

如鑰匙對應鎖孔

惟陰符乃得進入孔德的堂奧

洞悉宇宙天地運行的法則

開宗明義即曰

「觀天之道，
執天之行，
盡矣。」
深觀覺察
宇宙運行自然法則
據以作為
妙合天道五行陰陽
如是已臻至高境界
「天有五賊，見之者昌。」
五賊指的就是五行
木火土金水
五種代碼
萬物相互生剋制化的關聯
謂之賊
強調其作用隱密進行難以發覺
又兼具正反兩面創造與毀壞

五賊正是前句觀天執行的核心要點
善用五行
趨吉避害
生命得以增益昌盛
「五賊在心，施行於天，宇宙在乎手，萬化生乎身。」
五行機制了然於心
順應自然大道而行
宇宙藉由人的手來作為
萬事萬物皆具足於我身
「天性，人也；人心，機也。立天之道，以定人也。」
人也是大自然的一部分
雖然人有自主選擇的能力
惟有符合自然宇宙法則
人才能安身立命於天地之間
「天生天殺，道之理也。」
自然循環

平衡定律
成住壞空
生必有剋
利必有害
「天地，萬物之盜；萬物，人之盜；人，萬物之盜。三盜既宜，三才既安。」
大自然生態維持
食物鏈循環資源利用
雖似弱肉強食生存競爭
五行制衡於無形其中
生態平衡法則
人同萬物平等不可違逆
人方能安立於天地人三才之位
「日月有數，大小有定，聖功生焉，神明出焉。」
日月星辰運循周期
自轉公轉皆有定數
大至天體小至微塵

巧妙計算參透神機
開創人類智慧文明
「其盜機也，天下莫能見，莫能知。君子得之固躬，小人得之輕命。」
窺其理
候其時
伺其機
人以聰明才智獲取天地資源
開物成務
但是物質文明享受
有道德的人安分守己
一般無知百姓卻會沉迷害命
「天之至私，用之至公，禽之制在氣。」
自然法則隱微私秘
施行天地萬物平等
如何把握善用
全在信息能量

「愚人以天地文理聖，我以時物文理哲。」
自此句到經文結尾
根本就是穿越時空
現代科學化的宣言
天地　對應　時物
表相　對應　事勢
靜態　對應　變化
主觀　對應　客觀
時物文理重科學理性
天地文理偏藝文感性
明達事理通徹因果
堪為聖哲
自是縱情昧背現實
自愚愚人
「沉水入火，自取滅亡。自然之道靜，故天地萬物生；天地之道浸，故陰陽勝。陰陽相推，而變化順矣！」

干犯水火
違背常理
必遭天災
自然力量祥和安定
萬物萬事順勢生長
天地運循穩定
陰陽平衡消長
五行生生不息

（111.05.12）

第25篇　奇器法寶

回顧中華文化歷史背景
《陰符經》特殊少有地提倡科技發展
且無縫接軌心性修持之學
如同《翡翠玉錄》煉金術之於西方物理科學的啟蒙
《陰符經》煉丹術亦引領著東方生命科學發軔
「聖人知自然之道不可違，因而制之。」
自然法則隱微
統御萬物無形
聖哲順乎天命
制作典章文物
以為大眾遵循
經文結尾「至靜之道，律曆所不能契，爰有奇器，是生萬象，八卦甲子，神機鬼藏。陰陽相勝之術，昭昭晉於象矣！」

自然法則所源自的
虛無至靜本始
律呂曆數無法通達其奧妙
其中有玄機妙藏的奇器法寶
宇宙萬有都從祂而出
自太極第一動
而陰陽兩儀分
繼四相五行生
由八卦甲子還
如是造化本源
已清楚具象顯露祂的樣貌
《陰符經》闡述的正是東方的生命科學
包括天人合一的思想
以及具體陰陽五行的實踐
《黃帝陰符經》出世年代久遠不可考

經中所述能生出萬物的神器
「昭昭晉於象」
透露出陰陽五行八卦
在我們的現實世界
有其明確對應的基本模式
這些知識早在歷史洪流中遺落
等待著從人類意識潛在深處
重新被憶起
現在
該是時候到了
三十年前一個清明夢境
白髮白鬚白袍的仙師
現在我的面前
豎起一指
先向我的左側畫半圓
再向我的右側畫半圓

繼而從兩半圓中間
上下畫一道直線
最後中線下方點一點
隨即飄然消逝
空中僅交代了一句話
「三天之內必有寶物現。」
啊！天上三天
人間卻是三十年哪！

（111.05.14.農曆4月14日呂仙祖誕辰）

第26篇　歸一一歸

親愛的地球行者
「萬法歸一一歸何，是以神光拜達摩。」
這是個有血有肉的禪宗故事
初遇達摩祖師時
原名神光的禪宗二祖
已是通達「萬法歸一」的講經大師
但也因為對於「萬法歸一」的執著（法執）
他的修行境界未能突破
當達摩祖師激之以「既然口口聲聲說萬法歸一，那麼且說說看這個『一』你安在何處？」
神光莫能以對
反問達摩又遭默然不應

一時怒火中燒竟動手打落達摩門牙
爾後深悟懺悔
而有立雪斷臂向祖師贖罪求法的典故
其後還留有一段千古對言
「曰：我心未寧，乞師安心。
云：將心來，與汝安。
曰：覓心了不可得。
云：與汝安心竟。」
禪門從來只問在
生命實相的個人第一手體驗
神光在達摩的示現中看到了自己的執著
但是不知道如何放下
於是抱著必死的決心來到達摩座前
《黃帝陰符經》中「萬化生乎身」
萬化即是萬法
《黃帝陰符經》也透露了萬法歸一 一歸何的秘密

而「萬化生乎身」更是其中的秘中秘
萬法就是你我
萬法關乎你我而有
萬法就是每一個生命經驗祂自己
萬法歸一就是每一個生命找回祂自己
從分裂的、對立的、混亂的頭腦狀態
傾注全部的生命力
回歸身心靈整體和諧
就是歸「一」
有多少生命個體就有多少個「一」
這個「一」
說是一物即不中
可以是「惟精惟一，允執厥中。」《尚書・大禹謨》
可以是「在明明德，在親民，在止於至善。」《大學》
可以是「致虛極，守敬篤，萬物並作，吾以觀復。夫物芸芸，各復歸其根。」《老子道德經》

可以是佛法的八正道
「正見、正思惟、正語、正業、正命、正精進、正念、正定」
可以是現代心理學的「正念療癒」、「心流理論」
當然更可以是
「生命之花——生命之樹——魚形橢圓——三位一體——陰陽五行八卦」
新世紀的「一」
那麼「一歸何？」呢
禪門宗師和釋迦佛祖同一鼻孔出氣
《金剛經》須菩提長老問世尊「善男子。善女人。發阿耨多羅三藐三菩提心。云何應住。云何降伏其心。」
發阿耨多羅三藐三菩提心
就是萬法歸一
因此整部《金剛經》「如來善護念諸菩薩。善付囑諸菩薩。」
也在殷殷教導著「一歸何」
「歸」是「安住」
是「降伏其心」

所以禪宗六祖惠能
「菩提本無樹。
明鏡亦非臺。
本來無一物。
何處惹塵埃。」
這個萬法歸了一
發阿耨多羅三藐三菩提心了
可猶待五祖半夜袈裟遮圍密授《金剛經》法髓印契
方悟透讚嘆「何期自性本自清淨。何期自性本不生滅。何期自性本無動搖。何期自
性能生萬法。」
這個「一」，歸矣！
萬法歸一
一歸萬法
萬法猶是萬法
但是那個名叫神光的人放下了
完全消失了

從那個被留下來的「空」中
禪宗二祖慧可誕生了。
何期自性能生萬法
何期萬化生乎身啊！
在基督信仰中
同樣演繹了「萬法歸一一歸何」
那個木匠之子被釘在十字架死了
卻留下空盪盪的墓穴
從此神子基督誕生了
「一粒麥子不落在地土死了，仍舊是一粒；若死了，就結出許多子粒來。」
《約翰福音十二》
那麼達摩祖師如何安二祖慧可的心呢？
不是自己說了嗎：「覓心了不可得。」
原來的狂心妄心放下了
從「有」讓出了「空」
真心就在空——無中顯現生出

「無所住而生其心」
《金剛經》云「諸菩薩摩訶薩。應如是生清淨心。不應住色生心。不應住聲香味觸法生心。應無所住。而生其心。」
如金剛鑽石般智慧
能摧破眾生一切執著
《金剛經》啊！
親愛的地球行者
你心安了嗎

（111.05.22高雄大谷光瑞逍遙園遇見生命之花。05.27重寫）

第27篇　空假中

親愛的地球行者
「萬法」是你我感覺活在的世界
「萬法」是世界也是你我
萬法歸一
回歸自我生命的觀照原點
這個觀點就是「心」
「心」是意識存在
「心」是活著的你我
「心」的至高源頭是「自性」（上帝。造物主。道。）
當「心」與「自性」同在
「心」能夠生出「萬法」
「心」是世界的主人翁
「心」藉由身體小宇宙

活在世界大宇宙
其中神經系統頭腦
是身體特化感知世界的器官
以其獨特編造（時間／空間）架構的能力
強化了人類物種生存的優勢
也因此強勢的「頭腦」觀點
逐漸掩蓋取代了「心」的觀點
「心」被禁錮在身體裡
成為頭腦的奴隸
頭腦的觀點裡沒有「自性」
「心」失去了與「自性」的連結
「心」淪為妄心
妄心被萬法耍得團團轉
妄心輪迴受苦在世界裡難以自拔
這是我們人類目前的狀態
然而問題不在世界

問題關鍵在於我們的「心」
「自性」——「心」——「萬法」
這是人類過往先知聖哲
藉由各種智慧傳承宗教法門
殷殷叮嚀教誨囑咐的課題
目的是為喚醒我們的「心」
做著頭腦夢的「心」
「心」一直都在，只是被「頭腦」所住。
佛教天台宗
本於《妙法蓮華經》
承繼龍樹菩薩《大智度論》與《中論》
開立「一心三觀」
圓融三諦的止觀法門
說一切萬有皆圓具「空」——「假」——「中」三種義理
因此當觀一切法
即「假」即「空」即「中」

三種義諦圓融
「一心三觀」施行於「心」
卻是對治「頭腦」一帖特效良藥
何為「空」？
覓心了不可得
應無所住而生其心
「心」不再外求
停止製造「有」
「有」中自然會讓出「空」
臣服了放下了即是「空」。
何為「假」？
本來無一物
何處惹塵埃
所有認知對象
皆無實質存在
只是不斷變化中的事件

「心」認了真
塵埃自然落定消散
煙塵往事是「假」。
何為「中」？
「空」非斷滅
「假」亦妙有
既不毀萬法
又不著萬法
不落兩邊
直須承當
於「空」和「假」中建立一切事
不一不異是「中」。
真「空」和「假」有
是存在的兩個極端
當兩極結合一起
物極必返

兩極間必有一轉折中點發生
這個就是「中」
生命存在的中心
這個法則涵蓋宇宙一切現象
包括人的身心靈所有層面。
佛法是實修改造生命的方法
修行「空——假——中」
一心三觀
會在我們頭腦形成迴圈振盪
繼而擴及全身神經系統分佈
並在脊柱脊髓液空腔以及頭部腦室空腔
形成「中脈」現象
久修止觀深入禪定者
科學儀器檢測出強大電磁脈衝信號
出自其腦中央第三腦室空腔
第三腦室是神經中樞的最中樞

前有腦下垂體（身——生理）
中有視丘腦（心——心理）
後有松果體（靈——智慧）
第三腦室能量活化
連鎖效應帶動
腦內自發革命性轉化
完整提升個體生命境界
尤其「中脈」的開通
是「心」與「自性」的連繫
自然大宇宙性命原能量
共振進入人身小宇宙的最直接管道
德隆瓦洛《生命之花的靈性法則》所傳
「梅爾卡巴靜心」
新世紀身心靈揚升法門
三相「梅爾卡巴」
逆時鐘旋——順時鐘旋——不動於中

共同一心軸
三相一體
實與「一心三觀」
異曲同工之法妙
「梅爾卡巴」三相一體
妙「形」也
「空——假——中」一心三觀
妙「諦」也
觀「妙諦」於「空」
觀「妙形」於「假」
觀「自在」於「中」
三復三觀
生命之花
心腦解脫法要
如是我聞

（111.06.03端午節瑞龍潼）

第28篇　時間空間

親愛的地球行者
「空假中」的觀修
沒有一絲一毫否定的意味
「空假中」針對的是「無明」
「無明」是迷惑障礙
世間人類煩惱痛苦的根源
萬法本來無「無明」
「是諸法空相」《心經》
萬法本來的面目
「不生不滅、不垢不淨、不增不減」《心經》
生滅垢淨增減都是頭腦加上去的
「空中無色，無受想行識，無眼耳鼻舌身意，無色聲音味觸法，無眼界，乃至無意識界，無無明，亦無無明盡，乃至無老死，亦無老死盡，無苦集滅道，無智亦無得。」

《心經》雖然說的是「心」
卻是意在「頭腦」
頭腦的認知分別、判斷、投射、預測
以及時空故事的編造
是人類「無明」的肇始
科學邏輯是頭腦的至高成就
而今頭腦被現代科學打臉自己
從相對論、量子力學
到前沿的量子重力
以及量子時空理論
追尋萬物至極小尺度量子層級
世界的基本結構
既無空間
亦無時間

只存在各種物理變量間的轉換過程
「事件、發生、過程、出現」
取代了時空
大自然實相乃是不斷相互作用轉化的事件
而非「事物、物質、實體」
我們頭腦裡根深蒂固
具有「統一性、方向性、現在性、獨立性、連續性、確定性」的時間
其實都不存在
即如《金剛經》所言
無「我相、人相、眾生相、壽者相」
乃至無「我見、人見、眾生見、壽者見」
佛陀以「我——人——眾生——壽者」
精確描述了頭腦在虛構的時間空間上
不斷投射的念頭與念相
這個就是「無明」。
那麼什麼是「明」呢？

什麼是「諸法空相」？
沒有時間空間的世界
仍然如實運轉並未瓦解
世界的各種變數
可感知、觀察、測量
星辰在天空的位移
跨一步的距離
心跳呼吸的快慢
疼痛的指數
一滴眼淚的重量
……
不停改變的數量與性質
變動中潛藏著規律
規律可以成為參考點
變數相關於彼此
如何互動變化

量子重力學的基本方程式依此建立
其中不含時間變數
「描述世界的動力學方程式，結構極其簡單，描述可能的事件以及事件之間的關聯，僅此而已。」
「不含時間的世界並不複雜，是一個事件互相關聯的網絡，其中的變數遵守機率法則。」
科學家如是說。卡羅・羅維理《時間的秩序》
時間的神話光環褪盡
還原回單純的變量
藉以描述我們身處的世界
永不止息變化的過程
時間並非唯一不可取代的變量
真正統御世界的
不是時間
而是變化本身。
時間必須依附著變化才能存在

上述道理聽起來既怪異卻又似曾相識
彷彿我們耳熟能詳
卻又始終參悟不透的
太極陰陽五行八卦
易經傳承
是的。正是「易」經。
「易」，上日下月，日月合而為「明」
「易經」就是「明經」
說的是「明」的自然大道
帶著「無明」時空框架的頭腦
無法展翅翱翔於「易經」自在的天空。

（111.06.08）

第29篇 前三三後三三

自謂是「人祖」華胥氏後代
至少三千多年前開始
中華先民就在自稱為「中國」的大地上
以中道思想為根本
建立起中華文化文明
「華胥」被尊崇為中華文化的本源母體
「華」，同「花」
「胥」，胥生，重疊而生
「華胥」和「生命之花」有著不可思議的連結
中華文化歷史演進過程
融合了儒道釋三大智慧傳承
孕育成熟獨特的東方文化代表

中道觀生命價值完整體系
稱名「中華」
實已含容
中道和生命之花為一體
中華文化所以能廣博涵融
玄機在於道家與儒家共尊為祖始的「易道」
中華民族生命智慧的起源
華胥——生命之花——易——中道——明
如是一以貫之的實相真理
並非中華民族所專屬保有
更應該為地球全人類所共同開發運用
在進入「易道」與《易經》探討之前
我們先來參參這則「前三三後三三」
文殊菩薩顯聖
五台山千古之謎的禪宗公案
唐朝無著文喜禪師

從南方北上往山西朝拜五臺山華嚴寺
至金剛窟時遇文殊菩薩化現為牽牛老翁
接待至一寺院

翁曰：近自何來？
師（文喜）曰：南方。
翁曰：南方佛法如何住持？
師曰：末法比丘，少奉戒律。
翁曰：多少眾？
師曰：或三百，或五百。
師卻問：此間佛法如何住持？
翁曰：龍蛇混雜，凡聖同居。
師曰：多少眾？
翁曰：前三三，後三三。
翁呼童子致茶，並進酥酪。師納其味，心意豁然。
翁捻起玻璃盞，問曰：南方還有這箇否？

師曰：無。

翁曰：尋常將什麼吃茶？

師無對。師睹日色稍晚，遂問翁：擬投一宿得否？

翁曰：汝有執心在，不得宿。

師曰：某甲無執心。

翁曰：汝曾受戒否？

師曰：受戒久矣。

翁曰：汝若無執心，何用受戒？

師辭退。翁令童子相送。

師問童子：前三三，後三三，是多少？

童召曰：大德！

師應諾。

童曰：是多少？

師復問曰：此為何處？

童曰：此是金剛窟般若寺也。

師悽然，悟彼翁者即文殊也。不可再見。即稽首童子，願乞一言為別。

童子偈曰：面上無嗔供養具，口裡無嗔吐妙香，心裡無嗔是珍寶，無垢無染是真常。

三三仍是三
三三不離三
這個三是萬法歸一的三
也是三生萬物的三
出入三界的任意門
文殊菩薩為文喜禪師開示
不住三界亦不離三界的修行法要
所謂三界
佛法說為欲界、色界、無色界
此三界唯心識所造
既曰三界
即是有界有限
凡夫緣由我執
而生貪嗔痴念

自陷於三界無能自拔
只因忘失本覺明心
因此文殊菩薩句句直指本心
提點文喜禪師
問何而來
問如何住持
問眾多少
問杯盞之空
問誰能吃茶
問何用受戒
而文喜答南方答三五百人
既已落入時間空間
隨口批評比丘不守戒律
不識龍蛇混雜凡聖同居正是下功夫處
不知前後兩邊不著以立中道
不明「三三」說是三界即非三界是即三界

不察空杯之體相用
不認喝茶者誰受戒者誰
猶護辯自己執著心有無
直至悻悻然辭出
渾渾噩噩中經道童一喚一諾
方悔悟自己才是夢中未醒人
幸而及時求得童子偈言四句贈別
消解累劫宿世嗔心修行障礙
文喜禪師後獲賜號無著禪師
將要順寂的那天深夜
告訴大眾「三界心盡，即是涅槃。」
言畢跏趺而逝
斯時光照室內亮如白晝
這個三三
《易經》直接畫出卦象來表達
由象而數而理而氣

《易經》的三三
涵蓋世界一切現象發生的變數
推測追溯一切事件的因果循環
沿襲的卜筮占卦方法
實為波動信息之共振感應
三界三三深重深
一念無明貪嗔痴
文喜禪師真切受用的
是從「嗔」執念的放下
從「有」中讓出「空」
自「空」中自性本心自然流露
涅槃解脫不是三界盡
而是執著三界的心
盡了
放下了
臣服了

《易經》臣服之道
亦然如是

（111.06.28）

第30篇　易道

「易」即是「明」
自然大道
智慧本體
中華民族以中道文化
成為「易」的天選守護者
「易有太極，是生兩儀，兩儀生四象，四象生八卦。」《易傳・繫辭》
「易」的內容包含了太極、陰陽兩儀、四象、五行以及八卦
「易」始初只有伏羲氏的八卦形象流傳
被稱為「無字天書」
而後繼有《連山易》、《歸藏易》及《周易》的文字演進
《易經》記載的是
與「易」智慧本源的聯結

「易無思也，無為也，寂然不動，感而遂通天下之故。」《易傳・繫辭》
「易」非是世間的一般「思」慮作「為」所能通達
而是「寂然不動」，讓頭腦安靜下來，讓出那個「空」
乃能感應聯通「易」的智慧本源
現今世傳唯有周文王所演六十四卦的《周易》
儒家宗師孔子曾感嘆
「假我數年，五十以學易，可以無大過矣！」
孔子率弟子周遊列國十四年後返歸魯國
於六十九歲開始熱切研讀《易經》不輟直到七十三歲身歿
寫下畢生修為結晶代表作《十翼》又稱《易傳》
承先啟後推崇發揚「易」的智慧
所謂「可以無大過矣！」
「大過」為《周易》之卦
孔子自省其周遊列國徒勞無功之喟也
《易經》被儒家與道家共尊為群經之始
傳統中華精神文明的中心象徵

《易經乾鑿度》謂「易」有三義，簡易、變易、不易。
不易
「易」的本體，萬象造化始源，不變不異是「空」。
變易
萬法一切現象，皆是不斷變化的過程，無實知「假」。
簡易
萬變不離宗，把握陰陽法則，以簡御繁，執兩用「中」。
「易」有三義即是「空──假──中」完整一體
萬法歸一於「易」
「易」復一歸萬法
中華古往智哲聖賢
致虛極
守靜篤
歸根復命
而知常
而感通於「明」

在「明」中領悟出「易」的智慧大道
為了傳承「易」道留與世人
於是設立了太極兩儀四象五行八卦的形象
「形而上者，謂之道；形而不者，謂之器。」《易傳・繫辭》
這些形與象
上能應和自然大道的玄妙
下能制器為物應用於現實
有形有象
通玄達理
繼以開創中華文化易道智慧偉大傳統
象，是《易經》的核心骨幹
由象，而數，而理，而氣
具體的形狀（象）
度量的數目數字（數）
關係的條理秩序（理）
以及物與物之間存在的無形作用和影響（氣）

孔子對易經八卦象數理氣的感悟與闡釋
至今無人能出其右
《易經》智慧傳承數千年維繫不墜
孔子儒家厥功至偉

（111.06.15）

第31篇　失落的形

「如果你想了解宇宙的奧秘，就要從能量、波動、頻率的角度來思考世界。」
活過在這個地球
但是不屬於這個世界
獨特而崇高的發明家
尼古拉・特斯拉如是說。
超越了時間空間
宇宙一切都是變動的過程
萬象皆是波動
相互共振聯結
宇宙就是一個互聯網絡整體
物質、能量、信息
只不過是宇宙汪洋上

不斷激盪捲起的浪濤
而隱藏在這一切背後
自導自演自賞宇宙大戲的
正是我們的「心」。
講述宇宙本源
「易有太極，是生兩儀，
兩儀生四象，四象生八卦。」
要理解《周易‧繫辭傳》這段話
必需以波動共振觀念來探討
「易」的太極
是「圓心即是圓周」的原點
一切存在始生的原點
太極是點也是圓
太極一動生兩儀
圓的正旋與逆旋
圓旋相沖相和為波動

兩儀生四象
成住壞空
事態興衰消長的過程
太極圖中正弦波的四個階段
四象生五行
自生系統的基本五種波動類型
水火木金土
分解合成催化抑制
五行系統耦合建構八卦生態圈
乾兌離震巽坎艮坤
兩儀四象五行八卦
始終不離太極
以太極為心
對稱和諧致中和
河圖旋繞位序
洛書數列方陣

易經的象數理氣

「易有聖人之道四焉，以言者尚其辭，以動者尚其變，以制器者尚其象，以卜筮者尚其占」《繫辭上傳》

易之四道
打開易道智慧寶藏的四大門道
崇尚言辭者對應「理」
崇尚動變者對應「數」
崇尚制器者對應「象」
崇尚占卜者對應「氣」

當初接觸《易經》
既有古文閱讀障礙
又對數術無緣領會
亦無占卜靈敏感應
只得從「象」制器著手
製作模型來實際測試
最初以相反電流方向的零極線圈代表陽爻和陰爻

分天人地三層結構串聯結合
八卦線圈磁場
成功的淨化水材水質和增進口感鮮甜
繼而以元極線圈自轉週數配合五行數字
模擬陰陽五行線圈磁場
開始遭遇無解難題
原由五行在史料記載裡
從未見有「上而達道下而制器」的「形」對應
我直覺聯想到流傳於
西方文明
神聖幾何伯拉圖立方體
正二十面體對應水行
正四面體對應火行
正八面體對應木行
正六面體對應金行
正十二面體對應土行

試驗成效果然合乎預期
自轉週數合於五行數字的元極線圈
和神聖幾何伯拉圖立方體
完美符合共振
效應加乘
又在設計五行元極線圈過程中
發現到在整體聯結上
必須先從「零」自轉數的線圈開始
最終又必須回歸到「零」自轉數的線圈
這個發現令我大膽假設
五行此五種波動類型
乃由一共同元素
五種排列不同組合
所謂「天一生水，地二生火，天三生木，地四生金，天五生土。」《尚書大傳》
這個第「零」個五行起始基本元素
如同神聖幾何伯拉圖立方體

必然源自於生命之花
因此
西方卡巴拉智慧傳承的核心
生命之樹
會不會正是千古以來
五行失落的根本環節

（111.07.03屏東大武山下）

正二十面體對應先天五行水

正四面體對應先天五行火

正八面體對應先天五行木

正六面體對應先天五行金

正十二面體對應先天五行土

第32篇　卡巴拉生命之樹

五行是中華民族生命的印記
易經八卦乃至六十四重卦
象徵宇宙存在至高準則
致中和
大自然神聖的平衡
人在天地間的定位
五行原理涵蓋了一切萬有
單元性
系統性
整體性
階層內部以及階層之間
交互作用動態平衡的過程

五行是致中和的具體實現
「致中和，天地位焉，萬物育焉。」《中庸》
但是這般維繫著中華民族命脈
攸關地球人類全體命運
無比珍貴重要的五行智慧傳承印信
有歷史記載以來即不曾出現在東方文明
卻被神秘地保存在西方卡巴拉智慧傳統
無比奇妙的安排！
究竟有何奧義等待世人領悟？
彷彿一對久遠失散的孿生兄弟
西方卡巴拉和東方易道
有著太多不可思議的相似
同樣啟蒙於不可考的遠古
同樣揭露了超越人類頭腦的智慧
同樣有著象數理氣的內涵
同樣有「言者尚其辭，動者尚其變，製器者尚其象，卜筮者尚其占。」的四種入道

門路
同樣由一個天選的民族守護至今不墜
東方中華
西方以色列
卡巴拉的原文字義為「口傳」
源起於無文字記載的史前
流傳生命之花
生命種子
以及生命之樹圖騰
其中生命之樹
更是卡巴拉智慧體系的最核心
卡巴拉原始思想
以整體大自然來定義創造者上帝
「上帝的律法」即是「自然之規律」、「自然之道」
稱名「以色列」指的是直接和上帝連接
知曉創造者的意圖

卡巴拉哲理解釋推動世界運轉的始初原因是「願望」

更精確來說是兩種願望

其一是「給予的願望」

另一是「接受的願望」

整個世界就是建立在這兩個願力交互作用所運轉出

是不是像極了《道德經》的「道生一，一生二，二生三，三生萬物。」

也像極了《易經》的「易有太極，是生兩儀，兩儀生四象，四象生八卦。」

卡巴拉太初的「願望」是「太極」

繼而「給予的願望」是「陽」

另一「接受的願望」是「陰」

卡巴拉接續描述四個創造的階段

我個人認為是對兩儀四象最神性美妙的詮釋

階段一、接受的願望（太陰）

階段二、在接受的願望上產生給予的願望（少陽）

階段三、為了給予而接受的願望（少陰）

階段四、想接受所有的給予而成為給予者的願望（太陽）

卡巴拉傳承核心——生命之樹的特殊幾何學
三大支柱
十個原質（Sephira）
四個世界
二十二條路徑（pass）
歷經各代演變發展
賦予了多重繁富的意義
由於起初元極線圈空洞效應的啟示
我格外關注在生命之樹十個原質特殊排列
以及特別留下的中央空白位置
卡巴拉生命之樹的特殊幾何形象
必須返本溯源回歸到生命之花神聖幾何
母圓生六圓的生命種子
其中的魚眼橢圓陰陽環乾坤圈上
十個原質正好位於十個圓周交接點
然後從母圓圓心位置

讓出那個「空」來
再延伸出生命之花第三層圓
安置轉換了位序的第十個原質
如是誕生了生命之花中的生命之樹
繼而以生命之樹為單元
建構「三生萬物」的基本五行模板
首先再加一個單元生命之樹
1＋1組成為「水」
加兩個單元生命之樹
1＋2組成為「火」
加三個單元生命之樹
1＋3組成為「木」
加四個單元生命之樹
1＋4組成為「金」
加五個單元生命之樹
1＋5組成為「土」

生命之花孕育出五行系統完備
再以五行系統不斷疊加演化衍生
創造出宇宙豐富無窮的生命樣貌
如此一來我發現了兩種對應五行的「形」
其一是代表結構性的「形」
伯拉圖五個神聖立體
三度空間中唯有五個
完全對稱的正多面體
符合五行致中和的本質
另一是代表波動性的「形」
由生命之花中生命之樹為基礎單位
五個陣列組合
五種基本波動模式組成完整自生系統
有了這兩種「形」的建立
中華式的生命科學
象數理氣的研究

得以蓬勃進展
五行不再停滯於空泛哲學論述
實現人間普世應用
是我衷心所願
也是對三十年前清明夢境仙師所示教
盡我一生之力的報答

（111.07.11）

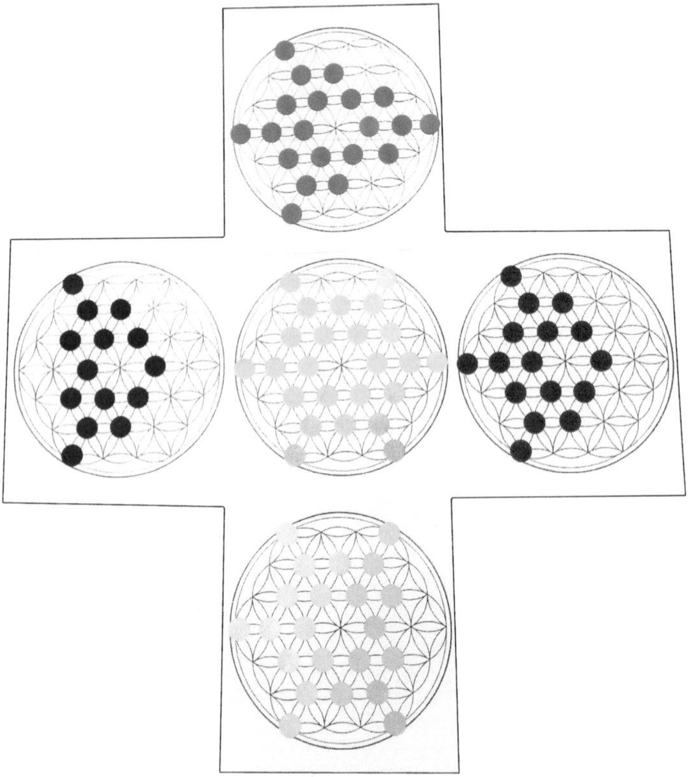

「五位皆以五為合」，五行相依互存，系統性關聯，以土五為中而成立。

生命之樹加一為水行。

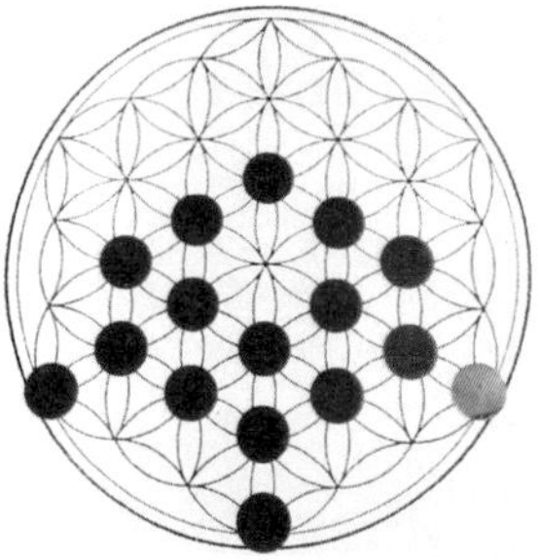

生命之樹加二為火行。

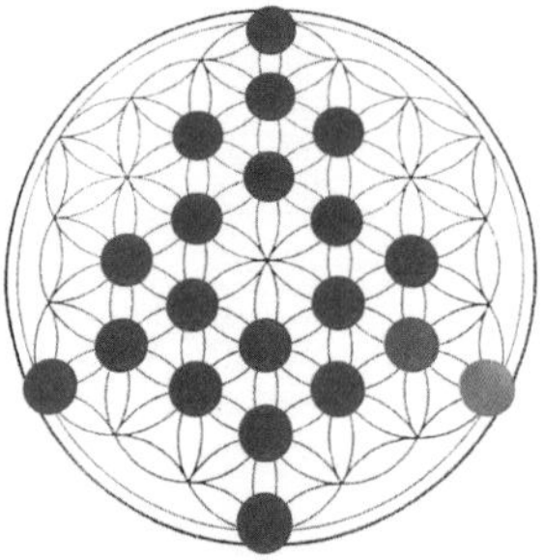

生命之樹加三為木行。

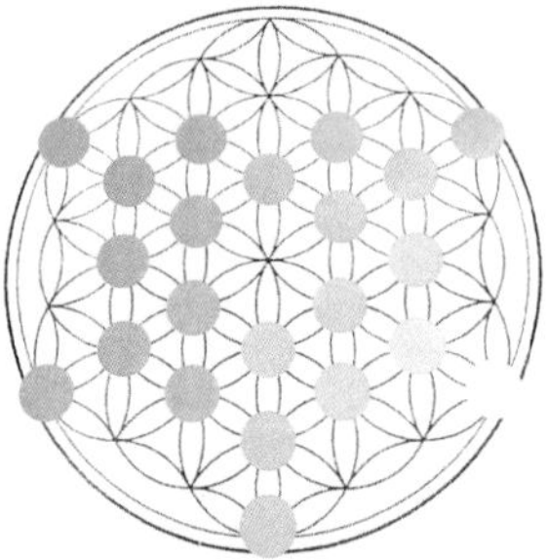

生命之樹加四為金行。

生命之樹加五為土行。

第33篇　太乙金華宗旨

二〇二〇年六月二十一日夏至
一場世紀天文盛會
完美的日環食「上帝的金戒指」
在臺灣上空熱烈演出
位於北回歸線日環食帶中央
嘉義市北香湖公園
成為全國觀測的主場
就在我診所前方的大路口
矗立著阿拉伯數字414巨型廣告燈箱
昭示下午四點十四分日環食發生的時刻
每天進出診所望見這414天文活動告示
滿是複雜難解的思緒心情

從上個世紀將盡以來
世界末日災難的預言傳說紛紛
二〇一九年十一月新冠肺炎疫情爆發
迅速蔓延全球造成大量死傷
當時臺灣政府由於防疫措施得宜
尚未發生大規模社區內傳播
似乎正處於暴風雨前的寧靜
而此時將臨的日環食
兆示地球面對現實困境不可避免的徹底改變
高懸天中的耀眼金環
上帝的金戒指
是天地人如期的約定
何等的盟誓應運再來
我直接只聯想到生命之花的圓
原來更大的奧秘卻隱藏在４１４密碼
二十世紀初曉是人類意識和科技大躍進的關鍵時刻

一九〇〇年普朗克提出普朗克常數為量子理論奠基
一九〇五年愛因斯坦發表狹義相對論、光電效應、布朗運動、質量與能量關係
一九〇六年愛因斯坦量子假說
一九〇八年佛洛伊德成立維也納精神分析學會
一九一〇年普朗克支持量子假說
一九一三年波耳原子模型
同年榮格脫離佛洛伊德精神分析學派建立分析心理學
一九一五年愛因斯坦廣義相對論
一九一九年愛丁頓日全食觀測証實廣義相對論
一九二四年迪・布羅意的物質波
同年玻恩創立量子力學一詞
一九二五年庖立不相容原理
一九二六年薛丁格的波函數
一九二七年海森堡的測不準原理
同年波耳的互補原理

量子力學翻天覆地改變了人類對世界的認知
相對於經典科學認定獨立客觀世界的存在
「科學不再是自然界的客觀觀察者……分析、解釋、分類的科學方法已經意識到了它的局限性。方法和對象不能再分開。」（海森堡）
量子力學否定了有獨立於觀測存在的物理實在
一切實驗結果只是外在世界在我們的主觀意識上的投影
或者反過來說
所謂外在世界不過是我們內在意識的主動投射
量子力學已經涉及到人類意識本質
外在世界（被觀測者）
與內在意識（觀測者）
界限不再截然清楚
然而什麼又是意識的本質呢？
佛洛伊德提出意識——前意識——潛意識
我們的尋常意識只是冰山浮出水面的小小一角
真正主導我們人格生命的是佔絕大部分的潛意識

榮格更擴大潛意識的範疇
認為有個人意識、個人潛意識、集體潛意識（客體心靈）以及集體意識（共同價值
與形式的文化）
此後的二十世紀就在科學與意識糾纏的泥淖中反復淬鍊
等待浴火重生
一九二九年《黃金之花的秘密——中國的生命之書》在德國出版
由著名的德國漢學家魏禮賢翻譯
以及分析心理學宗師榮格注釋
中國道家典籍《太乙金華宗旨》
此書一出立即轟動暢銷歐洲
續有英、法、日諸國語文譯本
原任基督教傳教士的魏禮賢本名理查德・威廉
在清末民初居留中國二十多年
醉心中華文化儒家道家思想
致力翻譯《論語》、《老子》、《列子》、《莊子》、《易經》等典籍
《太乙金華宗旨》原本密傳於道家修練門派

緣於清末進士出身大學者勞乃宣推薦
經由魏禮賢翻譯介紹
進入歐洲西方社會
竟神奇地串聯起
一代心理學大師榮格
量子力學共創者包立
諾貝爾獎文學大師赫曼・赫塞
共同深受啟發的奇特因緣
契機全在一個字——「光」
生命的解答其實一直都在
照亮世界的始終源自我們內在的光
只是需要一點契機去發現
《太乙金華宗旨》揭露的就是「光」的奧義
太乙金華意即無上的光
無上的光並非高上遙不可及
凡人肉眼所見的光亦是祂所展現

只是祂的廣大深奧遠
超頭腦所可想像
唯本心自性乃能及
太乙金華即是本源自性之光
人人日用而不知
契機只在回光
將兩眼向外投射的目光返轉向內
回光內視是踏上太乙金華發現之旅的開始
從識神到元神
從七魄到三魂
從識光到性光
直到回復純陽性命本來面目
道家奇書《太乙金華宗旨》
歷代以來時隱時現
二十世紀初又橫空出世跨越洲際風行西方社會
影響推動世界意識和科學的發展

展現如此奇蹟般的生命力
實與傳說的述作者呂仙祖有著密不可分的關係
呂仙祖道教各宗派共尊祖師
民間信仰家喻戶曉法緣廣盛
與觀世音菩薩（佛）以及關聖帝君（儒）
共為三大守護神明
又位列八仙之一
立誓盡度天下蒼生
方願上升仙去
唐朝人，本姓李，名嵒（巖）
世稱呂洞賓，道號純陽子，別號回道人
呂者，謂口口親傳度化
洞者，指修行玄關祖竅
賓者，認元神天地過客
純陽，先天真一之炁
即是太乙金華

即是三位一體魚形橢圓
性光圓明自在
自稱回道人，誓以回光教法，喚醒沉淪眾生，千百年來屢顯聖蹟教化不輟
回光法以光修鍊意識
下手處在神經器官
我們身體與光最密切關係的是神經系統
特別是視覺神經
頭腦中央部位空腔第三腦室
人類眼球獨特的視網膜空洞視盲點
乃是回光法核心關鍵
以光活化神經細胞
頭腦和脊髓形成光的迴圈共振
是謂小周天
若再擴展含蓋周邊神經迴圈共振
是謂大周天
有健全運作的神經系統

方有健全光明的意識心智
回光修鍊過程最需認清和克服
頭腦固有機制（識神、陰魄、識光）的干擾
依現代人過度使用和刺激頭腦神經的情況看來
干擾阻礙必然更加嚴重
因此修行者不可躁進不可妄求
保持自然而然
無為而為
才不致誤入歧途反受其害
身心靈的放鬆放空
要從雙眼開始
眼神從第一焦點（黃斑部）轉換到第二焦點（視盲點）
此即「觀鼻存想，意守天心」
而全身肌肉放鬆先從眼球肌肉放鬆
眼球肌肉放鬆先從眼皮放鬆
「像羽毛一樣貼著眼球，兩者之間的輕盈通向心，宇宙在此瀰漫。」

又在清晨日出傍晚夕陽
日光呈紅色溫和不刺眼
以兩眼視盲點對焦接收陽光
時間一至二分鐘不宜過久
視盲點為視網膜上視神經纖維進出的位置
光得以直接照入活化神經系統
是現代人修行回光法的輔助
就在上帝的金戒指完美日環食後兩個月
二〇二〇年八月二十日
我參與由陽明醫學大學主辦的道醫思想講座
主題正是金花的秘密太乙金華宗旨
會上宗教、醫學、護理、生命科學、心智哲學專家齊聚一堂
百年前太乙金華宗旨東風西漸
與西方心靈深刻交流磨合
通過國際重量級學術思想界認定
如今歷練熟成再歸返東方

已然超脫民俗信仰之作
成為貫古通今融會東西
揭示人類本質潛能共通密碼
一朵蓄勢千年
正當二十一世紀綻放
無比的
神奇黃金之花
噢！414
竟忘了那一天無意中翻開農民曆
呂洞賓仙師誕辰四月十四日
是的。

（2022.08.05）

上帝的金戒指

後記

二〇二二年初開始寫作，這樣的半詩半白話的文體，並非刻意，而是自動流露表達，望請閱讀者能包涵見諒。文體自然是配合著文義，在此僅僅只是記述我個人的太乙歷程，對我而言，太乙什麼都是，太乙也什麼都不是，只好用詩般旋律感應載傳，希冀太乙之炁氤氳其上，賦活篇章整體，更盈耀於文字間空白。那麼也請大家用寬容和輕鬆的心思來閱讀吧！

《周易・繫辭傳》的「形而上者謂之道，形而不者謂之器。」，這句話其實在強調這個「形」的重要關鍵性，這個「形」是虛空的「道」，生出妙有的「器」之神聖介面，意即上可承接契合大「道」至理，下可發展科技以「器」用，乃由此神聖的「形」。

《道德經・第二十一章》「道之為物，惟恍惟惚。」道、先天一炁、太乙、光，是不可思議，超乎想像的。「惚兮恍兮，其中有象；恍兮惚兮，其中有物。窈兮冥兮，其中有精。其精甚真，其中有信。自古及今，其名不去，以閱眾甫。吾何以知眾甫之狀哉？以此。」大道雖然無名無相，但是大道運行仍會顯露其法則影跡，此即「其中有象」、「其中有物」、「其中有精」、「其中有信」，這些象——物——精——信，即是神聖的「形」。藉由神聖的形，我們方能夠體悟理解太乙之道。

然而這個神聖的「形」，二千五百年來自東方隱去，卻出現在西方巴比倫希伯來傳承的神聖幾何神聖數字。所以本書一開始，從神聖幾何神聖數字的源頭——生命之花寫起，生命之花解密元年，正是太乙新紀元的開啟。

太乙既顯於意識外在萬象，亦隱於意識內在知見，我們內在的光，即是太乙，當冥想內觀時，得見內在神聖的「形」，此即「曼荼羅」的由來。

曼荼羅原字義為「圓形」，引申為「聖圓」、「中心」、「輪圓具足」，代表修持能量的中心（壇城道場），亦即內在靈能顯化為外在現實的介面。曼荼羅一辭雖然出自古印度，卻普遍存在於世界各文化宗教神秘信仰，諸如中華太極圖、河圖、八卦陣，巴比倫生命之花、猶太大衛之星、卡巴拉生命之樹，美洲原住民的「藥輪」聖環，其共同基本表徵就是「圓」。

不受時間空間的限制，不受文化思想的影響，人們只要向內觀照，都會見證到相通的曼荼羅，分析心理學開創大師榮格，以自身修習東方瑜珈冥想的體驗，認為曼荼羅的根源，遠深於人類意識層面，也超越個人潛（無）意識層次，而是人類集體潛（無）意識。

一九九五年媒體報導，在日本奄美大島海附近海底，發現神秘的圓盤形具有放射狀軸輻的大型創作。這些直徑約兩公尺以海砂為材質，被稱為「海底麥田怪圈」的圖案，經過十年的觀察研究謎題才揭曉，原來是一種體長不超過二十公分的小型河魨（窄額魨 Torquigener albomaculosus），雄魚為了吸引雌魚交配產卵，所艱辛築造的巢穴。在海底下砂床建構這樣圓盤巢穴，絕非易事，除了要不斷對抗強大的洋流，挑選合適的沙粒，鋪設平坦的底層，公河魨僅僅憑藉著鰭翅的撲打，來回不停穿梭於圓心和圓周之間，創作出脊線和凹槽，這個過程往往要持續一週之久，而後在圓的中央靜靜等待母河魨的光臨。小小河魨的圓形巢穴如同曼荼羅圖騰般，具有自發性和有意義的創作。

或許如榮格所主張的人類集體潛意識，這個集體潛意識，或者更跨越了物種，相互交匯形成地球生命的集體潛意識。

緣由於曼荼羅，心理分析學祖師榮格對《太乙金華宗旨》推崇有加。更為衛理賢的德文譯本，寫了詳盡深入的注解導讀。

大師級思想家的榮格，雖折服於道家思想的浩瀚偉大，並深受發影響，依其自身深厚的內省和靈視經驗，反對將東方道家的理論方法硬生移植到西方社會，因為東西兩方分隔發展數千年，彼此存在著極大的文化差異，在榮格身處的二十世紀初期，東西方智慧文明結合的契機尚未成熟。而榮格也在五十七歲驟逝的摯友魏禮賢身上，看到東西方文化牴觸衝突，造成精神層次的致命危機。

榮格描寫和尉禮賢初見面的深刻印象：「當我見到他時，尉禮賢不管在外貌上，或在寫字的樣子與講話的模態上，與中國人幾乎沒有兩樣。東方的觀點與古代中國文化早已從頭到腳，沁入其骨髓。」德國傳教士魏禮賢在中國生活了二十五年，正逢清末民初內憂外患下社會的劇烈動盪，曾拜入大儒士勞乃宣門下，由師父逐字逐句的教導，十年的心血完成傳世巨著《易經》德文譯本，因此也精通易卦占卜。衛理賢在過世前六年，以著名漢學家身分重返祖國定居，卻深陷文化認同的危機，無法擺脫東西方精神的糾葛，心靈的鬱抑，加重他的舊疾急速惡化。

病重住院時榮格前去探望，衛理賢談到了一個他做的夢，在夢裡他再次到荒蕪無盡的亞洲廣曠大草原那兒去了一趟——他離開的中國，他正尋找著中國留給他的問題的答案。

榮格解讀認為：「那一答案在他身上已被西方淹沒窒息了。直到現在他才意識到這一問題，但卻有能力找到答案了。」在衛理賢沒臨終前不久，榮格在將入睡之際，突然見到一幅強烈的幻象：「在我床旁，站立一位身穿青靛長袍、雙手交腕袖中的中國人，他向我深深鞠躬，好像他想傳達給我什麼訊息似的，這到底有什麼意義呢？我想我知道的。這幅幻象極端的鮮明，鮮明到我不但看到他臉上的每條皺紋，而且連他長袍的每條線，也都看得一清二楚。」

《太乙金華宗旨》是魏禮賢最後一本翻譯作品，在師父勞乃宣的託付和指導下，魏禮賢對於書中的「回光」大法，必是親身力行，在東西精神的矛盾衝擊下，卻無以安身立命？

這個中國留給他的難題，原因在頭腦，而答案也在頭腦。

魏禮賢一生所奉獻，向西方社會譯介的東方古老經典，《易經》、《道德經》、《莊子・南華真經》、《列子・太虛真經》乃至《太乙金華宗旨》，都是人類頭腦使用手冊，主旨在釐清意識（元神）和頭腦（識神）的主從關係，和西方對頭腦的認知截然不同。西方認定意識是頭腦的功能，意識是依賴附屬於頭腦而存在，包括無意識或潛意識，西方的文化沒有「無為」的基因，頭腦的本質就是不停斷的「作為」。魏禮賢與榮格，都是西方傑出頭腦代表，也因此能及早意識到頭腦自我的困境，而轉向東方尋求幫助，目的仍是強化開發頭腦的功能，因此較之其他道家修煉教導，《太乙金華宗旨》直接從眼睛、頭部（上丹田）入手，更像是適合西方的一條捷徑，而太乙金華被錯認成頭腦意識層面的作為，終究無法跳脫出頭腦的窠臼。

「孔德之容，唯道是從。」要真正靜坐，進入回光守中，必須改變這樣的頭腦意識型態，你不可以著眼於思緒（黃斑部），你的焦點必須落在空隙（視盲點），你必須尋找空隙，你也必須跳進空隙。當你真正跳進了空隙，你會看到思想消失、幻想消失、記憶消失……一切被遺忘了……頭腦意識消失……金色燦爛的太乙生命金華在你純粹的覺性中綻開。

二十世紀成道大師修預言《金色花的秘密——太乙金華宗旨》，將來一定會成為一本最重要的修煉寶鑑。

榮格終其一生堅持走著西方的道路，而歷經病痛困苦煎熬的魏禮賢，在臨逝前終於脫胎換骨了；中國人祥和的傳統身相象徵「道」，叉手袖中代表「無為」，向摯友深深鞠躬，表示祝福以及分道揚鑣，也預示著東方西方終將會再度合一在，太乙金華和生命之花——神聖的圓！

（111.08.26）

仿梅爾卡巴靜心之阿曼提大廳。

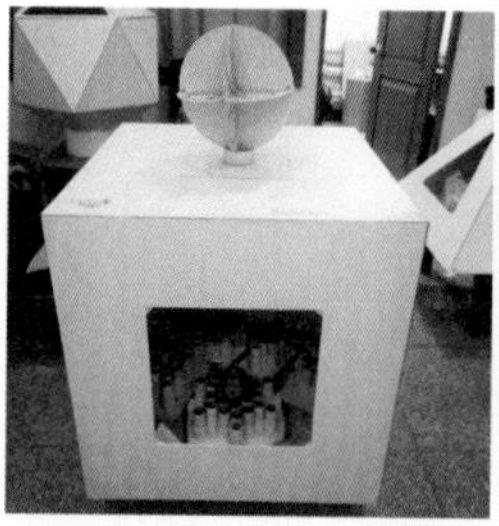

後天五行能場屬土。

後天五行能場屬木。

後天五行能場屬水。

後天五行能場屬火。

後天五行能場屬金。

後天五行能量組場。

附錄一
圓（輪）的表法意義

臺灣佛教大導師淨空老和尚，甫於七月二十七日圓寂生西，世壽九十六歲，僧臘六十三載，戒臘六十載。所以特別要刊錄此篇淨空老和尚演講集《圓（輪）的表意義》，緣由當初為了深入探討生命之花，面對「圓」的奧義，正苦不得其門而入，這篇資料竟奇蹟般地出現在網路訊息上，圓心圓周色空不異遂豁然貫通，生命之花，「正法眼藏，涅槃妙心，實相無相，微妙法門，不立文字，教外別傳。」，如是千年應運再現，惟待所有地球行者接續弘揚光大。在此特別感念一代高僧淨空老法師的無畏法施，更祈請盼望速速乘願再來，快快實現地球菩提淨土的偉大志業。

「法輪」是佛法裡面最常用的標誌。輪是什麼？是圓，這一個形相確實相當奧妙。圓的作用廣大無邊，今天世界科技的發展，從哪裡來的？都是從圓來的，離開了圓就恢復到原始的時代。

圓一定有心，圓心；圓周就是從圓心來的，而圓心是個抽象概念。那麼，圓心到底有沒有？它確實有，但是它沒有痕跡。你要在圓心上點一點，那一點在顯微鏡下是很大的面積，那就不是點，幾何裡頭的點是抽象概念。點移動，這個線就出來了。點移動是線，線能看得見；線移動，那是面，那就更明顯；面移動，就是我們今天講的立體，三度空間。單的面是兩度空間，面移動是三度空間，我們現在居住在三度空間裡面，這個空間的一切人事物，就像圓周。圓（輪）代表了體相用，體是空寂的，清淨寂滅，但是這個空不是無，它能生能現，現的是相。相是什麼？相是圓周。圓周不但是相，而且顯示出它的作用，它的作用太大了。

以我們現前的科學技術來說，科技種種發明都離不了圓；這個輪轉動，帶動那個輪，再複雜的機器或者再簡單的機器都離不開輪，輪的作用就是永遠沒有止息的在運轉。而這個運轉裡面，還有一個很特殊的現象，「周而復始，終始不斷」，這個現象表的意思很深很深。我們從中去體會，就能體會到宇宙人生的大道理。

一、表宇宙人生真相

（一）真空妙有空有不二

圓（輪）表空有不二，空是真空、有是妙有；又圓周是依圓心而有的，就是現在所謂物質是無中生有的。不但物質是無中生有，精神也是無中生有，都是從真心生出來的。正如《心經》上講的「色即是空，空即是色，色不異空，空不異色」，那個色就是圓周，空就是圓心。所謂「真空不空」，這個空是活活潑潑的，不是死的，它能夠生出有，無中生有，空中現色，圓心正顯示出這個意思；那現的相叫妙有，「妙有非有」。顯示出空有不二。

（二）清淨心能生智慧

圓是代表「心法」，心要清淨，心要空虛，心裡頭不能有東西，六祖大師說：「本來無一物」，我們的心是空、靈，心是空，它就靈了，心要是有了東西就不靈。我們現在心裡拉拉雜雜的東西太多了，牽腸掛肚的太多了，所以心不靈了。要把心裡拉雜的東西統統清除掉，什麼都沒有，這個心就靈了，無量的智慧就生起來了。煩惱愈少的人智慧愈多，煩惱愈多的人智慧愈少，所以，不可以有妄想，不可以有執著，不可以有憂慮，不可以有牽掛，不可以有分別，統統都不能有，心就清淨了，清淨心就是健康的心理。

（三）動靜一如

圓心不動，圓周是動的；圓心要動，圓就破壞了，就不成為圓，所以動中有不動，動跟不動是一體，不二。正所謂「不取於相，如如無動」，「不取」是不著相，相有沒有？有。有，不執著、不分別，在相上沒有分別、沒有執著，這是對外，不取著。內怎麼樣？內不動心。不動心是什麼？不生分別、執著的心，不生分別、執著，就是離一切妄想執著，這個境界就是如來果地上的境界。

（四）本自具足能生萬法

真心在不動的時候，那就是惠能大師講的「本自具足」，這個話很抽象。它什麼都沒有，本自具足，什麼都沒有，它一樣也不缺，為什麼？遇到緣能生萬法，緣是什麼？緣是動的，起心動念那是緣。遇到這個緣，圓周就成了，而圓周大小是無量無邊，千變萬化。

（五）心動的後果

1.智慧不生煩惱重重

心不動，還能辦事，還能解決問題嗎？能，心不動是智慧解決問題；心動是情識在解決問題，這一動就變成識了。情識解決問題會產生很多流弊，為什麼？他是迷，他不是覺，智慧解決問題決定沒有後遺症。所以佛菩薩是智慧解決問題，我們凡夫是情識解決問題，就是用感情、常識。感情本身就是問題，煩惱！知識是什麼？知識是所知障，全是煩惱習氣，沒有真智慧。

2. 心動即是「生死輪」

心動了就叫妄心。這一動就有分別、就有執著，分別是第六意識，執著是第七識。這個我們通常講三心，三心就是阿賴耶、末那、意識，這叫三心，這是三個根本的妄心。妄想、分別、執著。阿賴耶是妄想，末那是執著，意識是分別。如果沒有妄念，它就是真心，它就是自性。它能現，能現為什麼會起變化？這個情形像水一樣，你看小池塘的水，水不動的時候，水像一面鏡子一樣，四周圍的風景它照得清清楚楚，這就是見聞覺知起作用了。如果起了風有浪了，水就動了，動了，能不能照？也能照，照得怎麼樣？支離破碎，這個畫面不完整。我們現在的心就是動的，照外面的時候，把外面景觀全部都破壞了，所以就產生很多錯誤的見解，不是真智慧。因為錯誤的見解，就會做出錯誤的事，就感受錯誤的果報。錯誤的果報是什麼？六道三途。六道裡愈往下，心動得愈大，好像這個水波浪愈大，照的功能就越差；天道往上面去，波浪愈小，總是有波浪；沒有波浪，六道就沒有了。

3.「動」與「不動」的差別

凡夫是外面動了，裡面也動，統統都動了，這叫凡夫。二乘是什麼？二乘是裡面不動，外頭也不動，這就變成阿羅漢、辟支佛。二乘是內外都不動了，佛與菩薩是內不動，外面動，不一樣的地方就在此地。所以我們要學什麼？外面恆順眾生，隨喜功德，內裡頭如如不能動。

（六）身動心不動身心最健康

我們明白圓（輪）的道理，就懂得怎樣養生了，我們的身是物質，這個身體有形相；心在哪裡？心在形相裡頭。養生就是心要清淨，心要寂靜，身要運動，身動心不動。我們拜佛就能體會到，拜佛的時候，心裡一念不生，心清淨，身在運動。真能懂得這個道理，百病不生，健康長壽。

現在人真顛倒了，不該動的他動，該動的他不動，心動身不動；不能有的，偏偏叫它有，這就是我們現在所講的，精神的污染、思想的污染、見解的污染，麻煩大了，心壞了。心主宰這個身，心理不健康，身就受連累，身體多病。心理要是健康，這個身決定不會生病。佛在經上常講「依報隨著正報轉」、「一切法從心想生」。

由上可知，圓才能夠真正顯示出不二法門：空有不二，虛實不二，心是虛的，圓周是實在的，是實的；理事不二，心是理，外面圓周是事；性相不二，心是性，外面圓周是相；迷悟不二，心佛眾生、三無差別；動靜一如，染淨不二……圓是本性。自性有圓滿的智慧、有圓滿的德能、有圓滿的才藝、有圓滿的相好，樣樣圓滿，一絲毫欠缺都沒有。不能在上面加一點，加一點它就凸出來；也不能少一點，少一點它凹下去了。圓是達到究竟圓滿。我們被妄想分別執著障礙了，圓滿的性德不能現前。只要放下妄想分別執著，我們的智慧德能就現前。這才是宇宙人生的真相。

二、表推行宇宙人生真相的教育、教學

「圓」是圓滿，圓也有周遍之意，「性體周遍為圓。」「輪」是慧，代表圓滿法，「轉」是推動、推行、普及輾轉流通、傳授的意思。從初發心到見道、修道、證道，自己證得之後，也幫助別人修證，就是轉法輪。法就是指的佛法，再擴大講就是指一切法，一切法輾轉傳授就像輪一樣，永遠轉動，不能停滯不動，這就是法輪常轉。所以，請真正善知識、真正好老師來給我們教學，教導我們，推行宇宙人生真相的教育，這就叫「請轉法輪」。這在世出世間是第一等的有意義、有價值的好事，具有無量無邊的功德。我們看到孔老夫子沒有分別，有教無類，一生教學的功德，千年萬世都受他的恩澤。出世間，釋迦牟尼佛捨棄了富貴和物質享受，過著乞食的生活，哪裡邀請就到哪裡去教學。四十九年不中斷，天天為大眾講經說法，目標就是說明大家破迷開悟。

（一）教學為先輪轉無窮

古時佛法雖然還沒有傳到中國來，但中國的古聖先賢已經非常重視教學，《禮記・學記》

說：「建國君民，教學為先。」

再比如《論語》的「論」字，有「輪」的意思。就是這一部書，不但是當時人之所必讀，就是千年萬世之人也要必讀；不但中國人應該要讀它，外國人也應該要讀它，真的是「輪轉無窮」！

（二）法輪常轉正法久住

1.佛陀教育三輪弘化

本師釋迦牟尼佛一生無條件的到處教導眾生，有教無類，從事多元文化社會的義務教學，平等的教學，是名副其實多元文化的社會教育家。他老人家一生講經說法，幫助一切眾生破迷開悟，教我們明瞭宇宙人生真相，轉凡成聖。

佛陀教學，不僅僅是言教身教，身語意都是三輪弘教。身語意三輪都是法輪常轉，言語是法輪，身體也是法輪，起心動念也是法輪，身語意三業都可以做為眾生的模範、眾生的榜樣，能夠引導大眾出離三界、出離苦海，這是三輪教化。

2.教學方式三轉法輪

佛法常說，三轉法輪，就是佛說法的三個原則，用現代的話來講是教學法，三種方式。第一是「示轉」，示是開示，把這些理論事實說明，根利的人一聽就開悟了；第二種根性鈍的人他還不悟，佛再勸導他、勉勵他，經過苦苦的勸他，他才會相信，這是「勸轉」，他覺悟了，他能夠接受；假如善根更差一點的人，勸他，他也不接受，勉勵他，他也聽不進去，佛只好拿證據出來給他看，這是「證轉」，他一看到證據，他相信了，這個人還是有救，還是可以度的。證據拿出來給他看了，他再不相信，那沒法子，這就是與佛無緣，佛也沒法子度他。

黃念老是當代真正的大德，通宗通教，顯密圓融。晚年生病的時候一天十四萬聲佛號，專念彌陀，專求淨土，他往生到極樂世界去了，為我們表演，為我們做示現。假如他註的這個註解註得這麼好，他臨走的時候是參禪走的，是念咒走的，我們對他這個註解就會懷疑，講得這麼好，為什麼你自己不肯修？肯定有問題。他是密宗上師，不修密了，不念咒了，念阿彌陀佛，不參禪了，一心專念阿彌陀佛，念佛求往生。這是三轉法輪，註解是勸轉，往生是作證轉，給我們做證明。妙！這個老人慈悲到極處。

3. 知恩報恩請轉法輪

我們做一個佛弟子，受佛的教育，得到真實的利益，我們要用什麼方法回報老師？老師的智慧、福德都是圓滿的，我們供一點供品，實在說這是不能夠報答的。真正能夠報答的，就是我們怎麼樣把佛的願望實現。佛的願望是希望一切眾生都能夠聞到正法，一切眾生都能夠依照佛法修學，都能夠早一天圓成佛道，這是佛的心願；滿他的心願，這真正叫報佛恩，所以真正報佛恩就是「請轉法輪」。用現代的話來講，就是請法師、大德到我們這個地方來弘法利生，把佛教普遍廣泛介紹給大眾。

4. 法輪在心自利利他

講經說法固然是「轉法輪」，但如果我們只以為天天講經就叫法輪常轉，那個意思就太窄小了，這轉得再多也沒有意思，輪是要在我們心裡頭常轉。這個常轉一個是精進的意思，一個是降伏煩惱的意思。自己心裡面沒有法輪常轉，那依然是生死凡夫，無論怎麼修行都叫做盲修瞎練。心心念念不離阿彌陀佛，這個法輪要時時轉、處處轉、念念都在轉，這才真正叫法輪常轉，自己才能得到真實的受用；然後一定要用佛法來利益眾生，希望大家心裡面都有法輪常轉，弘法利生目的在此地。這樣才能自利利他。

5. 一門深入通達圓融

佛法的經論看似容易，實際上字字句句含攝無量義。從深度上講，其深無底，其廣無邊，任何一部經典，不僅一生學不盡，生生世世都學不盡。因為經典與自性相應，字字句句都是性德的流露，性德無有窮盡、無有邊際。佛在經論上教誡我們，要「深解義趣」、「廣學多聞」，但是一般人修學往往錯會意思，以為「廣學多聞」是什麼都要學，什麼都要聽，這是完全錯會了。廣學跟深解都是一門深入，一門怎麼能稱為廣學？一門見性就廣了，「一經通一切經通」，一經學通了，一切經都通了。

譬如圓有圓心，圓周上任何一點都能通到圓心，通到圓心一切就通了；通不到圓心，只能通一門，第二門就通不到。要如何通到圓心？一門深入。圓心是自性，圓周是自性變現的法相。佛家的圓心，宗門稱為「明心見性」，教下稱為「大開圓解」，淨土宗稱為「一心不亂」，名詞不一樣，意思是相同的。所以修學要專、要精。你要是從圓球上的點點滴滴去學，永遠學不盡。你達到圓心，全部都包括了，世出世間法全都通達，才能開智慧，無量無邊的法門立刻就圓融了。

所以，圓球上任何一點（任何法門）都能通到圓心，這稱作「法門平等，無有高下」。不但佛法如是，世間法亦復如是。

6.「壞生死輪」乘「如來本願輪」一生圓滿菩提乘願度生成就「大願輪」

六道凡夫死生相續，永遠沒有完，如同「輪」一樣永遠不停的在轉動，所以叫做輪迴。輪迴的原因是什麼？佛告訴我們是「業力」。不知道緣生如幻，這就是起惑；執我執人，造作我見，種種取捨，這就是起惑造業。其結果是受生滅流轉，無有休息，輪迴不絕，這就是苦報，惑業苦！這是六道輪迴的根源。六道眾生，生生世世，都是業果的相續、業果的循環、業果的轉變。怎樣出離六道輪迴？佛在經論上教導我們，還是一個轉變，這一次的轉變，是轉惡為善，就不墮三惡道；轉迷為悟，就不會再迷惑顛倒；轉凡成聖，就超越三界，問題真的解決了。所以佛法裡面講斷煩惱，不是真正斷，煩惱哪能斷得了，是轉變！

轉煩惱為菩提，菩提是智慧，菩提是正覺，無上正等正覺；轉生死為涅槃，所以轉凡成聖。問題是要會轉，而且要轉得快。

一切眾生能不能當生轉變很快成佛？這個答案也是肯定的，能！善導大師他老人家說過，「一切如來興出世，唯說彌陀本願海」，這就是「演說如來本願輪」，如來本願是什麼？就是希望眾生快快成佛，這是如來的本願。

八萬四千法門，哪個法門都要具備相當的條件，而且這些條件都很難，不是普通人能夠辦得到的。所以阿彌陀佛慈悲發四十八大願，成就西方極樂世界，攝受一切眾生。往生的條件就是信願持名，「發菩提心、一向專念」。生到極樂世界，就是阿惟越致菩薩，圓證三不退，壽命無量，永離退緣。

實在講極樂世界是個最理想的教學的處所，也等於是十方諸佛在這個地方建立一個學校，彌陀是導師，好比是校長，十方諸佛菩薩代阿彌陀佛到各處去招生，往生去的都是學生，進入阿彌陀佛大講堂是凡夫，畢業離開時成佛了。不成佛，不會離開，一生必定成就無上菩提，證得圓滿的自性。

更殊勝的是在阿彌陀佛大講堂天天聽經聞法，與觀音勢至這些大菩薩及極樂世界的諸上善人俱會一處，同時受彌陀本願威神加持，化身無數，上供諸佛、下化眾生，有感就有應，哪裡有緣就到哪裡去，成就「大願輪」。

由此可知，十方三世一切諸佛如來苦口婆心宣說一切法，到極樂世界大圓滿。

——恭錄自上淨下空老和尚講演集

附錄二

《濠梁之辯——中華文化儒道釋知見微觀》

佛教雖起源於印度，據信早於兩千年前就已經傳入中原地域，此後與中國本土道家和儒家相互吸收融合，形成獨特的中華文化，東方文明的華夏巨柱。佛教深深影響了中華民族的思想語言文字，以及生活習慣，我們平時掛在嘴邊常講的辭彙成語，例如「現在、實際、真諦、無常、相對、有緣、懺悔、生老病苦、大千世界、三心二意、苦海無邊、回頭是岸、執迷不悟……」皆是出自佛教經典。

儒道釋三家不約而同在兩千五百年前誕生於世，而其核心觀念，共同認為真理存在於人的內在心性，不假外求，因此修行工夫，重在自性本心的發覺體悟，此與西方文化猶太基督伊斯蘭思想，所主張的真理存於人的外在，信仰唯一創造萬物的真神，人必須努力向外向上追求學習，有著根本的不同。

儒道釋三家經典流傳久遠，尤其是中國古代文字雖極精簡，而意涵卻極繁複，造成後人理解傳達的困難，究其原因，除了文字本身的障礙之外，更與所謂「心法」的失傳有絕大的關係。所謂「無字真經」以及所云「真經不在紙上」，並非否定經典文字記載的必要，而是各家祖師們教導的深義隱喻，超越有限的文字形式，後學者除了要具備完整的背景知識脈絡，更不可或缺的，是得到核心議題的直指點破，亦即所謂的「心法」。儒道釋三家經典，皆是實踐修行的指導，並非空談理論，甚至以現代的話來說，就是人類腦袋瓜的使用手冊。

近年來繼量子力學之後，腦科學以及人工智能的研究飛速成長，也無心插柳柳成蔭，成為理解儒道釋典籍的最佳註腳，藉由腦科學最新知識，三教經文不再晦澀難解，而我們也不禁要讚嘆久遠年代的偉大先知們，純粹透過自覺反思內觀，所建立起的智慧體系，和現代科學前沿的腦科學發現完全符合，甚至還有絕大部分的領域，現今科學仍無法企及。

綜觀人類歷史，兩千多年前，東方文化和西方文化從人類共通的頭腦出發，卻選擇了完全相反的方向發展，東方追求本心自性的體悟，西方窮究現實世界物理的知識，東方建立個人安身立命的哲學，西方開創物質文明享受的科學，有史以來東西雙方紛紛擾擾，終於在腦科學上找到真正溝通的契機和平臺，從頭腦出發，東西方各自繞了地球歷史兜一圈，終於又回到了頭腦，這個造物主（上帝）用來看見祂自己的魔鏡。

瑜珈的口訣「我不是這個頭腦，我也不是這個身體」如今成為新時代運動的口頭禪，但是如果沒有深入了解人腦本質以及運作機制，我們根本無法擺脫頭腦的掌控，更遑論能夠駕馭頭腦。以下概括整理當今腦科學發現重點，首先大腦的最主要功能，是為了調整和維護一個極端複雜的人類身體運作，絕非我們自以為是的理性、情緒、創造力或同情心。大腦所表現出的思考、感覺、想像乃至幾百種心智能力，其實都是為了一項核心任務所衍生的結果，這項任務就是藉由不斷精密的計算規劃身體能量預算，以讓我們好好生存下去。頭腦就是一個最超級的預測引擎，用現代電腦術語來講。

其次是關於意識，包括對周遭世界的感知和經驗，以及自我意識，同樣也是一種頭腦的最佳預測，相同源於要好好活下去的本能訴求，可以說我們對周遭世界，以及我們身在其中的經驗，都是在頭腦精密算計下產生的幻覺，歷經數百萬年演化形成的，由頭腦所控制下的幻覺。笛卡爾的「我思，故我在」（I think, therefore I am.），也許更真確的說法是，為了我們能夠生存在這個充滿危險和機會的世界中，「我們預測，故我們存在。」（We predict ourself in to existance.）

人工智能與腦科學研究告訴我們，意識和單純的智能是截然不同的，意識不能夠和我們是活著的、會呼吸心跳的有機體這個天性分開談論，「身為我」的意義無法被化約或上傳成為人工智能系統的軟體程式，而人類具有意識的方式，只是眾多具有意識的可能方式之一，都是根源於許多其他有情生物也具有的生物機制，因此我人類只是自然界的一部份，不該自絕於自然之外。在頭腦中的自我，作為意識的主體，有賴於頭腦引擎的運作而存在，隨著身體和頭腦的死亡，這個暫時存在於頭腦中的我，也隨著消逝不在了，因此即使從科學觀點看來，死亡也並不可怕，因為那個會害怕的主體——「自我意識」也已不復存在了。

腦科學是正統西方文明的產物，觀察到的都是局限於我們腦袋瓜裡發生的現象，也正如同這些科學証據所揭露，頭腦中上演的絕大部分是為著生存競爭而掙扎、煩惱、痛苦的人生戲碼，至死方休。西方腦科學以科學証明了，東方文化早已揭櫫的人生是苦海，而苦難的來源是我們被頭腦綁架了。可以想見西方腦科學與人工智能，沿著一貫不變的追求外在真理路線，只會研發更極端更強大的外部操作手段，比如化學藥物、晶片植入、腦波操控、催眠洗腦，直到耗盡破壞環境資源，引致大自然力量的反撲，災難性的人類社會全盤毀滅。

相對於西方文明如今陷入末世的困頓，東方文明在二千五百年前，早已經明白告訴人們「鵝從來就不在瓶子裡」。「瓶中鵝」是中土禪宗經典公案，原文——「宣州刺史陸亘大夫問南泉：古人瓶中養一鵝，鵝漸長大，出瓶不得。如今不得毀瓶，不得損鵝，和尚怎麼生出得？泉召：大夫！陸應諾。泉曰：出也！陸從此開解，即禮謝。」

這個公案裡的「瓶子」比喻的就是頭腦，而「鵝」指的是點亮腦意識之光的「覺」，意識固然依附於頭腦，但背後真正點石成金的乃是本覺自性，「覺」超越了意識和頭腦，覺醒了，鵝本來就不在瓶中啊。

佛教祖師釋迦牟尼佛菩提樹下開悟所說「緣起性空，無主宰，非自然」，主張眾生解脫之道，並非依賴主宰論所主張的高高在上的「神」，也非相信自然外道所推說的無因緣的「自然而然」，進而提出佛教特有的「緣起論」，爾後展開為「緣起性空」——「真空妙有」——

「當下解脫」的不二法門。

「緣起論」謂一切事物皆依靠種種因緣條件和合才能成立，一旦組成的因緣消散了，事物現象也隨之化為烏有，這就是萬有存在的因果定律，緣起論所闡述的，其實就是頭腦功能，心智認知的原理，如前所說頭腦是預測的引擎，不停收集過去發生的情報資訊，彙整推算應付未來的最佳方案，如此成為因果循環不斷的鍊結。此因果循環鍊就是由緣起論串起的十二因緣法，無明——行——識——六入——名色——觸——受——愛——取——有——生——老死，更詳盡闡述了頭腦不只是被動地感知這個世界，也主動地使這個世界成像，透過頭腦的感知，我們主動建構了頭腦中個人獨屬的世界，包括我們身為自我的經驗，身為「我」的特定經驗，也是頭腦智能所營造出的一種微妙微肖的控制幻覺。所謂「世界是Maya幻象」，不是指的外在世界，指的是你透過頭腦所經驗的，你自以為是的世界啊。

「緣起」揭露了頭腦障礙無明的真相，而「性空」則還原了「本覺明性」從來不是頭腦所能及，「本覺」賦予了頭腦生出意識，而意識沉迷在頭腦裡，認同執著了腦中緣起緣滅的幻象世界，飽受痛苦折磨，但是同樣的，如果意識轉向回溯它的本源，脫離頭腦的掌控，覺醒解脫的道路一直都在，僅僅只是你我要真正知道，你我一直都在睡。頭腦叫不醒頭腦，但是意識可以，不是朝向頭腦「緣起」的意識，是掉頭去朝向「性空」的意識，這個功夫儒家謂之「心齋」，道家稱之「坐忘」，佛家言之「修定」。

佛陀入滅後約七百年，龍樹菩薩續佛慧命，提出八不中道，振興「性空」法教，也成為中國佛教八大宗的共尊宗師。「不生不滅，不斷不常，不一不異，不來不去」，生——滅、常——斷、同——異、來——去，是頭腦的知見概念，用以描述事物的變化狀態，並據以推論事物主體性的存在，「八不中論」推翻了頭腦知見所認定的主體性存在，尤其是「身為我」的主體性存在，如前面提到過的，腦科學研究告訴我們，我們對周遭世界，以及我們身於其中的經驗，乃至有一個核心主體——「我」的存在感，皆是頭腦超級演算預測，以及精密控制下產生的幻覺。

「八不中論」的哲學辯證語辭艱僻難懂，如今佐以腦科學的實證，就清楚明白其掃除頭腦障礙，喚醒「本覺」的根本大義，而「中論」並立的「空——假——中三觀」，也很容易去了解，我們只要活在世上，便須臾不可離開頭腦，在頭腦內革頭腦的命，騰出那個「空」，讓「去後來先」的「本覺」作主人翁，亦即中央仲裁地位的「中」，而仍然「假」藉頭腦的運作，維繫與世間的互動，完全不同的是，你不會再和頭腦裡的所知所見瞎攪和一起了，你知道那只是一個夢，這個世界依然是世界，但是你從夢中拾回真實，從無明以來一直投射向夢境的生命能量，被頭腦剝削消耗的生命力，而今返還回來，凝聚，合一，產生了一個中心，從此你才真正在宇宙中誕生。

楞嚴經有一段很經典的話「知見立知，即無明本；知見無見，斯即涅槃。」無明指的是煩惱，而涅槃則是對應於煩惱的解脫，佛教以十二因緣闡釋無明煩惱的生起次第，亦即無明緣行，行緣識，識緣六入，六入緣名色，名色緣觸，觸緣受，受緣愛，愛緣取，取緣有，有緣生，生緣老死；十二因緣流轉，如果是開放的過程，就只是單純頭腦知見經驗，也就是單純的「緣起」，但是一旦「知見立知」，亦即頭腦建立我知我見的觀點執著，十二因緣便形成封閉的迴圈，循環輪迴不斷自我強化，陷入無邊煩惱痛苦。保持頭腦寧靜開放的狀態，讓一切緣起知見自然而然，不加以任何判斷分別，就是「知見無見」，斯即涅槃，即是藏在知見緣起背後，當下解脫的如意門。

關於緣起知見——當下解脫，在《莊子》的秋水篇中最為世人樂道的「濠梁之辯」，有極為貼切生動的描述，原文：

> 莊子與惠子遊於濠梁之上。莊子曰：「儵魚出游從容，是魚之樂也。」惠子曰：「子非魚，焉知魚之樂？」莊子曰：「子非我，焉知我不知魚之樂？」惠子曰：「我非子，固不知子矣；子固非魚也，子之不知魚之樂，全矣。」莊子曰：「請循其本。子曰『汝焉知魚樂』云者，既已知吾知之而問我。我知之濠上也。」

故事是說，莊子和惠子同遊於濠水橋上，看著橋下河中悠游的儵魚，莊子有感而說這魚真是自在快樂啊！（這是莊子單純的緣起知見）一旁同在的惠子立刻打槍說：你是人，不是魚，怎麼知道魚的快樂？（這有兩種可能，一是惠子也有所感受到當下的快樂，但是他不能確定這個快樂的緣起，因此發問；又或者惠子當時並無所感，也認為人與魚無法相通共感，因此刻意出言否定。）

莊子乃試探著說：如你的觀點，你是你，我是我，如果你已認定，你不能知道我，那為何可斷定我不知道魚快樂呢？（到此為止，都仍在檢視這個緣起知見）

但是惠子頭腦開始介入（知見立知），回辯說：我不是你，固然不知道你，而你也不是魚，固然也不能知道魚，這個推理是完整無缺的。（陷入知見立見的迴圈，十二因緣法形成封閉的圓，頭腦打結了）人能知魚，或不能知魚，如果單純保持在緣起知見，是可以開放討論驗證的。兩千五百年後的現代科學告訴我們，人類和周遭環境的溝通，並非局限於五種特化的感覺器官（眼耳鼻舌身），更甚者，這些感官接收到訊息，彙集入中樞腦部，會經過層層過濾篩選甚至修飾，最終才會產生頭腦的知見感受，因此人們主觀看到的乃是頭腦編寫修改過後的，已非原本存在的真實世界。比起這特化的五種感官，人類和周遭環境，仍有更多直接聯結的管道。

自古以來，許多宗教修行傳統，都不約而同的指出人身脈輪的存在，其中以印度瑜珈所主張的，人體中央垂直排列的七大脈輪最為主流，脈輪被描述為動態渦旋（vortex）狀結構，不斷吸收及放射能量訊息，這種本體性的聯結互動網絡，普遍存在於萬物之中，呈現多層級多次元的秩序架構；從身心靈修行提升的觀點看，人類具有的七大脈輪，相較於五種特化感覺器官，顯然更寬廣更完整地，如實映照出自體生命狀態。當今醫學研究發現，在七大脈輪的人體部位上，相近於中華文化道醫傳統所說的丹田位置，除了位於頭部上丹田等同於大腦功能，在中丹田（心輪）也具有獨立運作的神經系統，雖然大約僅有四萬個細胞，配合上人體器官當中最強大的心臟電磁能場，儼然是人體雷達天線設備。又在腹部下丹田（臍輪）位置，廣泛分布於消化腸道黏膜內，與脊髓神經細胞數目相當（約一億個），同樣可以獨立完整運作的腸道神經系統，它和腸道菌落生態以及大腦，構成所謂的腸——腦軸線，重要影響大腦認知、情緒、行為乃至各種生理功能；中丹田的心以及下丹田的腸道，也藉由迷走神經和大腦（上丹田）密切連線，迷走神經也位於人體中軸，包含90％上傳（從內臟往上到腦部）和10％下傳（從腦部往下到內臟）神經，因此印度瑜珈七大脈輪和中華道醫三丹田，描述的才是真正主導我們生命的核心運作。

重新回到莊子惠子遊於濠水橋上的場景，風和日麗，流水潺潺，木落翩翩，清澈水裡成群鯈魚從容出游，當下洋溢著無比快樂自在的生命力能量場，所有處於其中的生命個體，無不感應到快樂，也回應以快樂，天、風、地、水、橋、木、魚、人……一切共振共鳴樂在其中，莊子如是，惠子也是，但是惠子聰明絕頂的頭腦，被五官遮蓋綁架了，他的人沉浸在快樂中，他的頭腦卻抗拒否認這樣的體會，同遊的莊子看出了他的疑惑困頓，於是發乎慈悲推了他一把，輕輕地嘆道：「這魚兒悠游自在，融入在一片快樂之中啊！」。

果然惠子被綁架的頭腦立刻跳出來反駁說：「你又不是魚，怎麼能夠知道魚是快樂呢？」

莊子見狀再加重力道，追問：「按照你的觀點，你也不是我，你怎麼認定我不知道魚快樂呢？」惠子頭腦又反駁了，說：「我不是你，固然不能知道你，而你不是魚，也固然不能知道魚快樂，這樣才周全合理啊。」被遮蓋綁架了的頭腦，習慣以否定的方式來排除超乎五種感官範圍的事物。從封閉式的前提假設——「如果我的五官無法接收到魚快樂的訊息，那麼我就不能知道魚快樂」，到全盤否定的結論——「因為不能為五官所知覺，所有的人都不能知道其他人乃至魚的快樂」。

惠子最後所言，重複兩個「固」字，末尾再加「全也」，完全是走夜路吹口哨，心虛嘴巴硬，頭腦轉圈打結了，莊子當機立斷，順勢把惠子的腦袋拉轉回頭，說道：「讓我們還原到一開始的情景吧。當你說『你怎麼知道魚快樂』這句話時，你——我——魚同樂在當下，你都已經知道我所知道的，卻不敢當下承擔而來問我。（那麼你用心聽好，我鄭重肯定地告訴你：）我是在濠水之上知道的。」

濠梁之上是緣起，知魚之樂是當下。莊子秋水篇主題談的正是「知見」。

知見是大腦的主要功能，藉由二分法，比較——分別——判斷，而產生知見，既已生活在世間，我們必然依靠頭腦的知見，彼此溝通互動，佛教裡龍樹菩薩的中觀「不一不異」，不是什麼深奧難懂的佛法，而是如何安住世間的最佳指導原則，不一不異，兼一又二成三，這個「三」是道生一、一生二、二生三的「三」，神聖數字的「三」，有覺知的活著，不囿限於亦不否定掉頭腦的知見，反而更善用更擴展頭腦知見，保持在覺知狀態中，隨著知見不斷擴展，頭腦的自我（知見立知）也會逐漸縮小，留下的空（知見無見），成為無限的可能，佛教謂之涅槃解脫，道家曰宇宙逍遙遊。

那麼「以天下為己任」，篤信好學，守死善道，堅持行「仁」，著重生命情感的涵養，對人類頭腦始終抱持「有教無類」的教化熱情，三教之中最貫徹以出世胸懷做入世事業的儒家，對於知見又是什麼看法呢？

子曰：「知之為知之，不知為不知，是知也。」

「明明德」、「親民」、「止於至善」是儒家核心經典《禮記大學篇》的三綱領，所謂「大學」，大人之學，學以修身治人之道，明明德就是使「明德」彰顯出來，也就是從身體頭腦的迷夢中覺醒出來，而明明德的途徑乃是「親民」，正如經云「佛（覺悟）法在世間，不離世間覺，離世覓菩提，恰如求兔角」，親民者，具體工夫是融入世間，視你我眾生為一體，實踐仁愛於世間修行，目標在達到內聖外王的「至善」境界，內聖外王即是「去後來先作主翁」，本覺明光的「明德」完全自在作主的至善境界。

《大學》的三綱領下，還有八條目，亦即格物——致知——誠意——正心——修身——齊家——治國——平天下，作為進階指引和步驟，而作為基礎的「格物致知」又顯然特別重要。格物致知其實是一，觀察天地間萬事萬物的變化，探討其中的因由，獲得對事物的認知，這是頭腦的自然本能。儒家之所以提倡教育的重要，在於「知」的層次的提升，從矇昧未開頭腦的「知見」原始狀態，到啟發學習求真知的「致知」層級，再進化達「致良知」的明心見性，天人合一，通徹宇宙真理實相。

所以儒家祖師孔子的「知之為知之，不知為不知，是知也。」，正是涵蓋此三層次的微言大義。

知之為知之，這是第一層級的「知」，屬於單純頭腦的知見，如赤子初生嬰兒般看見這個世界，隨著年歲身體增長，漸漸被世俗污染私欲矇蔽，頭腦妄念執著的我，以有限的知，妄加臆測無限的生命以為知，終於陷入煩惱痛苦無以自拔。

不知為不知，是第二層次的知——「致知」，學以致知，學然後知不足，謙虛自己的渺小無知，致知乃是自發學習追求真理的過程。

是知也，最上層的知——「致良知」，致知的過程最終會來到一個大跳躍，原來「鵝本來就不在瓶中」，頭腦的迷霧退散了，古德云「身心脫落」「照見本來面目」，頭腦不再是頭腦，所有的情欲煩惱迴歸為生命本流，如太極圖般現空性圓點，跳入這個最最內在的空，你真正遇見了宇宙，你，就是宇宙。是知也。真知也。

附錄三
《今之南零水——水華晶露》

傳統中醫自古以來，就已講求不同的水材，和藥物的搭配，例如：中風卒厥，宣痰飲之藥，宜配「逆流迴瀾水」；而通二便，風痺藥宜配「急流水」；煎傷寒勞傷等藥宜用「甘瀾水」，煎補陰的藥宜用「井泉水」；還有以沸湯半鍾，生井水半鍾，合而服之的「陰陽水」，對霍亂吐瀉有神效。這是古人經驗觀察到，不同環境狀態與物理條件下，水會表現不同的特質效用。

直到二十世紀以後，量子力學發展，才得以波動和信息場的科學原理，來闡明水的各種奇妙性質，也驗證了老祖先的智慧善巧。

中國茶史淵遠流長，其中最具代表性人物是唐代的陸羽，著有世界第一部茶學的典籍《茶經》，內容除了茶的論述之外，也探討各種水材，對沖泡茶葉風味的影響。陸羽的茶學造詣，被後代奉為「茶神」，而其辨水能力更是出神入化。

唐代《煎茶水記》中曾記載湖州刺史李季卿，途經揚州時巧遇陸羽，因曾聞揚子江南零水泡茶滋味絕美，又深知陸羽善於品茶和評水，便派軍士趕在午時前到揚子江心取回南零水。

豈知陸羽用杓揚水，卻道：「江則江矣，非南零者，似臨岸之水。」隨而將壺中水倒掉一半，再用杓揚水乃說：「這才是南零水矣！」原來南零水處於長江心的漩渦中，只有在子時或午時之際，以長繩吊著銅瓶深入水下，才能取得真正的南零水。而軍士取水當日，揚子江水勢洶湧湍急，船因震盪太過，以致壺中的水灑出甚多，軍士隨用揚子江岸的水補滿，卻被陸羽所識破，傳為千古奇談。

神奇的南零水，正符合現代科學的零磁場線圈現象。所謂「零磁場線圈」，是讓電導線先以一定螺旋方向（或順時鐘或逆時鐘）捲繞，到中途再改以相反方向捲繞，如此線圈的兩端，當通過電流時，會產生相反方向的磁力線，並在線圈的中央出現磁場強度為零的現象。

雖然磁場強度歸於零，卻隱藏著未知的能量效應。例如以水通過零磁場線圈，會發現水體的導電性增加，以及水分子集團微細化，因此改變了水飲用的口感、甜度和人體的吸收效率。南零水是揚子江心水流自然形成，如零磁場線圈般的雙層反向漩渦，其特殊效應早被古代的能人異士發現，直到今日方能以科學原理揭示其奧秘。

「水華晶露」是以自來水源，經過多道精密陶瓷過濾、活性碳處理、臭氧和紫外線滅菌，而得的優質水材，再經過「天易能場」的波動淨化，繼而「五行能場」的信息感應拷貝而完成。

所謂「天易能場」與「五行能場」，乃是運用多個零磁場線圈，依特定的排列組合，串聯而成。其設計原理，包含了太極圖的立體意象，易經八卦的對稱平衡，「河圖」的天體螺旋運轉，以及「洛書」的九宮方位比例，更融合了東方的「五行」，與西方的「神聖幾何」。總而言之，「天易能場」可將物質層面已過濾淨化的水材，作更深層的能量淨化，以祛除任何混亂、失序和負面的波動信息；而「五行能場」則將宇宙創生的基本法則和指令，感應加持於物質與能量層面皆已純淨的水材。因此，「水華晶露」可稱為古之南零水的全新進化版。

未來的世界，水資源將會成為人類存亡的重大議題，而佔人體百分之七十組成的水，更是決定性地影響著我們身心健康。因此若想拯救地球人類生命，首先要拯救被人類汙染的水，我們最不可或缺的水。

除了茶，咖啡也是全世界最普遍的飲料。國內著名學者，也是能量醫學研究先驅，曾任職中央研究院的王唯工教授，首創以「共振」為基礎的人體血液循環理論，闡發傳統中醫的氣血與經絡現象。於其系列著作中《氣的大合唱》一書裡，曾述及：

「我們研究了茶與咖啡對脈波的影響，居然發現，這二種飲料都有提昇三（脾）、六（膽）、九（三焦）諧波的功效，與練功相似。而咖啡在這一組諧波外，也入肝經（第一諧波）。由此可判斷，茶與咖啡都有補氣、提神的效果，而茶入膽經較多，咖啡入肝經較多，……對腦幹、間腦等植物性低階層腦功能有幫助。」

王教授書中提及的腦幹與間腦，是人體機能自動調節中樞，或稱植物神經，亦稱自律神經中樞，掌管體溫、呼吸、循環、代謝、消化、排泄等功能外，也影響睡眠、情緒表現。現代文明流行病——自律神經失調症，主要是由於生存競爭的沉重壓力，社會環境的複雜污染，以及生活步調的紊亂脫序所導致。王教授的研究成果，驗證了咖啡對於現代人自律神經失調的困擾，確有助益，無怪乎全球咖啡的需求量，正逐年激增。

傳統中醫的經絡也涵蓋了臟腑的機能，因此王教授的實驗發現，也呼應了近年來國內外諸多咖啡對肝臟有益的調查報告，諸如：咖啡能夠抑制肝臟發炎反應，減少肝硬化、肝癌的發生；咖啡可以提升肝臟重要解毒酵素——穀胱甘肽轉化酶的活性，並幫助擴張膽管，促進膽汁流通，綜合增進肝臟的整體功能。肝臟是人體最重要的組成營養並分解毒素的器官，傳統中醫稱之為「將軍之官」，好比企業體系的執行長，肩負著人體應付外界複雜多變的生存環境之重責大任。

另外中醫又有「心藏神、肝藏魂、肺藏魄」的論述。「神」賦予了物質身體以生命力，又可分為「魂」與「魄」兩類，「魂」主導思想、意識、情緒、情感、性格等高階精神活動，而「魄」則控制身體知覺、飢渴、需求、冷暖、排泄等本能反應。白天清醒時，魂魄連線合為神識，主控在腦與心，夜晚睡夢中，魂魄分離，魂由腦座下降至肝，使身體進入放鬆休眠狀態，魄則司職在心兩旁的肺，維持基本的生理活動。

不論從現代醫學自律神經的角度，和從傳統中醫魂魄的觀點，肝臟都居於身心平衡，亦即生理與心理健康的關鍵地位，而對肝有著極佳維護效果的咖啡，自然會得到人們歷久不衰的喜愛。

當然咖啡吸引人的地方，不僅只是它的效用，也因為烘焙散發出迷人香氣，和沖泡後的多層次風味和豐富口感。咖啡的起源，較一般的說法，是衣索匹亞地方的牧童，觀察到羊群吃了咖啡樹的果實後興奮莫名，活蹦亂跳的故事，另外也流傳有古老的傳說：

「遙遠以前，有個偉大的魔法師，他能跟統治世界的天神薩靈溝通。這位魔法師死時，天上的神明很傷心，因為此後再也有法沒力高強的人，能跟薩靈溝通了。天神悲傷的淚水落在魔法師的墳墓上，那個地方因而長出第一批咖啡樹。」（取材自《咖啡——神之雫》繁星多媒體出版）人類的心靈已喪失與造物主連結的狂喜能力，惟有在享受香醇甜美的咖啡之際，才能偶然瞥見與神合一的幸福。

咖啡的飲用，最早見於九世紀波斯的醫學文獻記載，爾後經過千百年的天然演化和人為栽種，品質風味日益精良，加以後製處理方法的演進，以及烘焙技術的講求，儼然已建立包括選種、栽培、處理、烘焙、萃取、杯測的完整科學體系。

如同古之南零水，能和茶葉共譜千年傳頌的絕妙滋味，今之南零水「水華晶露」和咖啡，又會擦撞出什麼樣的火花呢？

將水華晶露結凍成冰塊，反復杯測求取最佳的配豆組合，以一：十五的咖啡粉和水比例，在保持室溫二十四～二十六度的環境中自然溶解，緩緩滴下入咖啡粉，過程約四～六個小時。和熱沖咖啡的覺受完全不同，入口剎那間的遺世純淨，繼而隨著口溫綻放的醇郁，入喉前的溫潤，再由喉中回返的鮮甜，伴隨各種果香花香的縈繞，令人探尋沉醉不已。

水華晶露與咖啡的相遇，緩緩憶起的幸福原在，水華晶露冰滴咖啡，神之雫！

先天五行能量製作飲用水材。

結語

「我是誰？我從那裡來？我要到那裡去？」這最早來自古希臘哲學的三大問，也是人性的共通，而有「我」就有「世界」，因此完整的三問，不言而喻，還包括了「世界為何存在？世界從何起源？世界如何變化？」的意涵。

第一個命題屬於意義，第二命題屬於背景，第三個命題屬於內容。意義來自於背景和內容，反之，意義也界定了背景和內容。

不論東方或西方，文明演化的主軸，始終不離這三個命題。而歸根究柢這三大問，必然會來到一切萬有起始的——「空無」。

當人類頭腦和「空無」正面交手起，生命的智慧才開始覺醒。

約在二千五百年前，興盛於東方的印度瑜珈以及佛法和中華道家，藉著嚴謹自制的身心鍛鍊，直接超脫頭腦迷障，解放性靈於空無。而主要傳承古希臘的西方文明，則選擇走向完全不同的道路。

從實物測量的平面幾何，數字計算工具發明，進入抽象數理邏輯，古希臘思想一貫厭惡真空，更恐懼無限，因此雖然早在西元前五百年，和空無與無限密切關係的符號「零」，已出現在肥沃月灣巴比侖，卻遭受西方驅逐根除。

面對生命的空無，東方安然接受，朝向自我內化，全然經驗覺知而不判斷，在純粹的意識中回復初始的光。

西方拒絕空無，朝向外在世界，以頭腦理性思考對抗空無，研究物理現實的光，奮戰宇宙的暗黑無知。

初具雛形即被流放的零，爾後在東方印度文明庇護下成長，脫胎換骨成為數字「零」，再藉由伊斯蘭之手，重返西方文明。

由東方回返的零，飽含數理潛能與威力，西方已無力抗拒，不但商業貿易金融需要它，藝術建築繪畫運用它，微積分高等數學的大門也等著它來開啟。零的再臨，宣示歐洲黑暗時期的甦醒，專制教會的亞理斯多德哲學式微，零與無限成為西方文藝復興、理性主義，以及科學革命的中心。

零，被法國耶穌會的笛卡兒加入數線，放置在「笛卡兒座標」系統的中心點，也一躍成為世界的中心，這正是零恰如其是的寶座，零的偉大神力自此展露。笛卡兒開啟的座標系統，可以將圖形和形狀，轉換為數字關係式（方程式），統合西方幾何和東方代數，造就數學的無限延伸發展，計數運算及至估計掌握，萬物相互伴隨變換的軌跡，而這一切都圍繞著「零」的樞軸轉動。

彷彿一切真相大白，零－空無－無限密不可分，不但數學家毫無選擇，只能學習成為它的代言人，暢談虛數、複數、投影幾何、黎曼球體、康托集合論；而科學家在物理世界也到處碰到零，從牛頓的古典力學、波動方程式、馬克士威電磁方程式到相對論量子力學，零，步步引導西方頭腦再次面對空無，不只是世界（觀察對象）空無，而是我（觀察者）也空無。

零，在愛因斯坦的廣義相對論中，揭露無比詭異天體－黑洞存在，不斷吞噬毀滅所有靠近它的物質能量，包括巨大如恆星；零，在量子力學中，成為一種神奇大能的來源，它不住一切，卻創造一切，即使在最深沈的真空虛無，它仍在零的洋面上下翻騰起伏，成為萬有的源頭。世界存在於真空量子起伏，而理性科學思考著的「我」，也是來自頭腦場域裡的真空量子起伏。

歷經二千五百年後，東方西方攜手探索空無的契機，終於來到了！恐懼逃避空無的西方，卻以數理邏輯科學實驗，證明了空無，並且真空不空，有生有死，恰如其分；西方頭腦可以安心放下了，那個人格化的上帝假設。

真空會自發性產生正反粒子對，剎那間又相互湮滅隱沒，剎那間生滅的時空波動，無窮渺小，對應現實宇宙的無窮浩大，而我們生命就發生於無窮小與無窮大之間，既虛幻又真實。

萬象存有，皆是藉由零，向空無「借」來的，而且有借必有還，宇宙帳目的收支始終歸零平衡。

這樣的造化生滅場景，在莊子《南華經・至樂篇》有著真切的描述：「生者，假借也；借之而生生者，塵垢也。死生為晝夜。」塵垢，就是不斷生滅的量子微塵。莊子思想主張，除了「道」的本體，和「遊」的人生境界，還有「借」的造化觀。

歸零，不只是有借有還，更要提升為好還好借，莊子所云「德充符」，德是擁有了再放下（好還），充是因捨而得，獲得屬靈的豐盛，符是證驗；德充符，宇宙逍遙遊的入門券。

關於零更完整的史料知識，推薦二〇〇一年商周出版翻譯的《零的故事》，以及二〇〇二年究竟出版翻譯的《從零開始》兩本著作。我緣於生命之花的「圓」，直覺連接到「零」，零的記號為圓環狀，很可能是來自於小圓石在沙地上留下的凹洞痕，而在高等數學裏，結合複數平面與投影幾何，圓完美對應，代表無限的直線，零與無窮大變成數字球體的兩極。

零一開始只是頭腦人為的假設，零代表無物、沒有、空，但是漸漸它又代表了始初、開始，然後在數列上又成為正數和負數的中央，在座標上成為軸心原點。零不在一切，卻成為一切的中心。隨著它數理意義的不斷擴展，已突破了頭腦當初的設定，連帶它所區隔出的背景以及內容，亦即空無和無窮，也跟著一起變換，而反過來也改變了人類頭腦的認知層級。

圓可以說是幾何的零，零可以說是數字的圓，這樣對等關係的關鍵，全在於「點」。「點」是組成幾何圖形的最基本要素，至今仍被奉為圭臬的歐幾里得定義：點只占有位置，而沒有長度。亦即點是零維，沒有空間維度，但是沒有長度的點，卻累積出有長度的線段。

解決之道，把點的量度當作無窮小，逼近零，但不是空無。於是點變成無窮小圓的圓周，而零是圓的圓心，圓周無窮接近圓心的點。零－圓－點，空無－無窮－極限，三位一體，既是不同，卻又如此相同。我們的世界，原來是建築在虛無之上的真實。

圓零，遍在一切物，卻無一物能及，惟心能守之成光，覺照宇宙的光。

最後，請容許我僭越，對老子《道德經》經首「道可道，非常道。」擅做不同的詮釋。我個人看法，老子這句經文正就是「零」。《從零開始・第零章》云：「光看零的表面，似乎空無一物；但只要深入了解，就能看透整個世界。」因此若解作「大道無路可循，無法言喻。」這是指「零」的表相，一片空無，了無蹤跡；又可解作「真理實相（大道），有道（道路）可道（遵循），但是此道（道路），絕非尋常的道（途徑）。」這是指穿越洞徹「零」，就能夠參透明白整個世界。

太乙生命金華，道可道，非常道。

（2023.01.13）

國家圖書館出版品預行編目

光啓新紀元：太乙生命金華 / 張百欽著. --
臺北市：致出版, 2023.03
面； 公分
ISBN 978-986-5573-55-3(平裝)

1.CST: 靈修 2.CST: 心靈學

192.1 112003303

光啟新紀元

——太乙生命金華

作　　者／張百欽
攝　　影／沈福盛
執行編輯／洪聖翔
封面視覺／陳亮君
出版策劃／致出版
製作銷售／秀威資訊科技股份有限公司
114 台北市內湖區瑞光路76巷69號2樓
電話：+886-2-2796-3638
傳真：+886-2-2796-1377
網路訂購／秀威書店：https://store.showwe.tw
博客來網路書店：https://www.books.com.tw
三民網路書店：https://www.m.sanmin.com.tw
讀冊生活：https://www.taaze.tw

出版日期／2023年3月　　**定價**／480元

致 出 版　　向出版者致敬